SERGIO RAMOS

CORAZÓN, CARÁCTER Y PASIÓN

ENRIQUE ORTEGO

SERGIO RAMOS

CORAZÓN, CARÁCTER Y PASIÓN

everest

FINAL COPA S.M. EL REY
F.C. BARCELONA 0 - REAL MADRID C.F. 1

NIKE
CAMPEON DE LIGA

Dirección editorial
Raquel López Varela

Texto
Enrique Ortego Rey

Documentación
Realmadrid.com
Real Madrid TV
Fundación Real Madrid

Fotografía de cubierta
Alejandro Ruesga

Fotografías
Realmadrid.com
Fundación Real Madrid
Getty Images
Archivo familia Sergio Ramos
Archivo MARCA
Alejandro Ruesga

Infografías
Dativo Rodríguez Pérez

Ilustración (Página 264)
Guillermo Ortego Juez

Diseño y maquetación
Fernando Ampudia

Carretera León - A Coruña, km 5 - LEÓN (España)
www.everest.es
Atención al cliente: 902 123 400

ISBN: 978-84-441-0462-1
Depósito legal: LE-1301-2012

Printed in Spain - Impreso en España
EDITORIAL EVERGRÁFICAS, S.L.
Carretera León - A Coruña, km 5 - LEÓN (España)

SUMARIO

UN JUGADOR ENORME Y UN HOMBRE SINCERO

Sergio Ramos es entrega total, fuerza y calidad en el terreno de juego. Sergio llegó al Real Madrid muy joven pero con esa hambre de victorias imprescindible para triunfar en este Club. Su experiencia en Primera División no era precisamente excesiva y, sin embargo, el Santiago Bernabéu muy pronto le hizo suyo. Heredó una camiseta con un número repleto de leyenda, y de responsabilidad, pero su madurez, su talento y su pasión por el fútbol le han consolidado como uno de los grandes defensas de la historia del Real Madrid.

Su ansia de títulos, su firme voluntad de ser un referente para los aficionados, su derroche en el esfuerzo y su determinación pudo con el inmenso vértigo que implica llevar el escudo blanco del primer equipo con sólo 18 años.

En 2005 firmó con nosotros, pero hacía tiempo que él sabía lo que quería y era plenamente consciente del territorio de máxima exigencia al que llegaba. Sergio quería jugar en el Real Madrid, soñaba con hacer historia y deseaba formar parte de la memoria emocional del Club más grande del mundo. Lo reflejaba en su rostro. Y esa fue una de las razones por las que llegó aquí.

Durante este tiempo ha crecido y ha ofrecido un gran fútbol, sentido de la responsabilidad y una profesionalidad gigantesca. Y todo eso encaja a la perfección con los principios sagrados del madridismo. Desde el primer día y por carácter, se convirtió en uno de los nuestros. Una lealtad que demuestra en cada partido, en cada declaración y en cada presencia pública tanto con el Real Madrid, como con España. Una selección española con la que ha logrado los títulos más grandes y donde también es uno de sus líderes.

Aquel muchacho de Camas repleto de sueños, de fuerza, de orgullo y de arte que llegó hace siete años es hoy uno de nuestros capitanes. Un jugador enorme y un hombre familiar, cariñoso y sincero. Un orgullo para el Real Madrid y con mucho fútbol aún por entregar. Y siempre repleto de nobleza.

Florentino Pérez
PRESIDENTE DEL REAL MADRID C.F.

SERGIO ES FÍSICO, PERO TAMBIÉN TALENTO

Para mí es un honor que Sergio Ramos me haya elegido para prologar su libro y más aún que me siga considerando su ídolo de juventud, después de conseguir todo lo que ha conseguido con el Real Madrid y la selección española con tan solo 26 años.

Sergio y yo por razones sencillamente de edad no nos enfrentamos nunca en un terreno de juego, pero tuvimos el gusto de conocernos y hablar un buen rato en Milán en noviembre de 2009 a iniciativa del periódico MARCA. Me decían después los periodistas que Sergio estaba muy nervioso y recordé entonces que a mí me había pasado algo parecido cuando mi padre era el seleccionador sub-21 de Italia y un día fui con él a la concentración.

Me encontré con Paolo Rossi, que venía de ser campeón del mundo, precisamente en Madrid, en el 82 y además máximo goleador del torneo. Le estreché la mano y me preguntó Paolo que de qué jugaba. Yo le dije que era defensor. «Bueno, pues entonces no me des una patada…», me dijo sonriendo. Curiosamente en el año que jugó en el Milan, en el 86, fuimos compañeros. Era mi segundo año en el primer equipo.

El día que Sergio y yo nos conocimos y nos intercambiamos nuestras camisetas, por supuesto que sabía perfectamente quién era él y su trayectoria. Como jugador del Milan es lógico que veas muchos partidos de los grandes de Europa, del Real Madrid, Barcelona, Manchester United, Bayern… Estos clubes, como el Milan, son los que han escrito y escriben la historia de nuestro fútbol.

En el caso de Sergio, al ser defensor como yo, posiblemente me fijara en él con más atención. Desde que llegó al Madrid comenzó a perfilarse como uno de los defensas más prometedores y lo que entonces mostraba se ha hecho realidad con los años. Su caso es muy parecido al mío. Nuestras trayectorias tienen muchos puntos en común.

Yo también comencé jugando de lateral y luego pasé a central, para terminar como lateral. Incluso jugaba en una posición en mi equipo y en otra en la selección, como también le ha pasado a él. Cuando comencé en juveniles también fui cuatro años delantero, en la derecha y en la izquierda y creo que Sergio también comenzó arriba y siempre le ha gustado incorporarse al ataque, como a mí.

El día que nos vimos en Milán, Sergio me dijo que creía que había llegado la hora de jugar siempre de central. Yo nunca dije a mis entrenadores donde quería jugar. Me acoplaba a sus preferencias y a las necesidades del equipo. Sólo una vez, con Capello en el 96, que me quería poner de lateral derecho, dije que prefería jugar en las posiciones que mejor conocía y en las que llevaba tiempo jugando.

Puede que Sergio tenga razón y su posición idónea por sus condiciones técnicas y físicas sea el centro de la defensa. Su rendimiento ahí está siendo extraordinario, tanto en el Real

FOTO MARCA

Madrid como en la selección. Su poderío físico es tan grande que puede que acabe los partidos y ni siquiera esté cansado, pero es una posición de máximo riesgo en la que nunca se puede confiar. Un falló en ese puesto es un gol en contra.

Precisamente por eso es una demarcación en la que se debe mantener un máximo poder de concentración y de atención durante los noventa minutos. No vale con la colocación o con la presencia física, no hay que cometer errores y para eso hay que vivir el partido con intensidad del primer al último minuto.

No tengo dudas de que Sergio está ahora entre los tres mejores defensas de la actualidad. Cada vez encontramos menos defensas con talento. Y él lo tiene. Antes, en mi época, había muchos, ahora el talento lo encuentras más en los delanteros. No sabría explicar la razón pero es una realidad.

Pero no se debe olvidar que para que un equipo como el Real Madrid pueda ser campeón debe comenzar teniendo cuatro defensas de categoría y Sergio es uno de ellos. Sin una buena defensa no se gana nada y ahora existen pocos equipos que defiendan bien.

Con los 26 años que tiene, a Sergio le queda más de media vida deportiva por delante. Cuando me preguntan cuando he disfrutado más del fútbol siempre digo que fue a partir de los treinta, con lo que él ni siquiera se está acercando. Por sus cualidades técnicas y físicas, su carrera debe ser larga, ojala que tanto como la mía.

Paolo Maldini

1

REAL MADRID

UN SUEÑO

HECHO REALIDAD

«PACO, HE VISTO UN LATERAL DERECHO IMPRESIONANTE. ATACA, DEFIENDE, ES VALIENTE, TIENE VELOCIDAD… ».

El **paso** más **decisivo** de su vida

Entra en la órbita blanca

Existe una fecha mágica en el calendario. El primer día que Sergio Ramos García entró en la órbita del Real Madrid. Dieciocho de abril de 2004. Segunda B. Partido Jaén-Sevilla Atlético. Nuevo Estadio de la Victoria. Triunfo local (2-1). Casualidades de la vida, en ese mismo escenario, un año antes, Sergio había debutado en esa categoría con el Sevilla Atlético en edad todavía juvenil, 17 años.

Ramón Martínez, director de fútbol del Real Madrid, se desplaza hasta esa capital andaluza para ver en directo al lateral izquierdo del Sevilla, Fernando Vega, que después jugaría en Primera división con el Betis. Tiene del jugador las mejores referencias y quiere observarle personalmente.

En estas situaciones un hombre de su experiencia siempre centra su vigilancia en el jugador «espiado». Prácticamente es un marcaje al hombre. Ramón Martínez no quita ojo al lateral izquierdo. Con balón y sin balón. Cuando su equipo ataca y cuando se equipo defiende... Pero según transcurre el partido comienza a llamarle la atención el lateral derecho, Sergio Ramos. Su nombre le suena porque sabe que un par de meses antes ya ha debutado en Primera con el Sevilla, pero no tenía ningún informe ni referencia especial sobre él.

También se fija en Antonio Puerta, que en ese partido juega de extremo izquierdo, precisamente por delante de Fernando Vega, y en Jesús Navas, extremo derecho y compañero de fatigas de Sergio por aquella banda. La actuación de Sergio debió de ser más que completa porque en cuanto regresó a Madrid, Ramón Martínez se lo comentó a su hombre de confianza, Paco de Gracia, al que también le habían llegado noticias del canterano de Nervión.

–Paco, he visto un lateral derecho impresionante. Ataca, defiende, es valiente, tiene velocidad... Y tiene 18 años. Para jugar en Segunda B está sobrado.

Los técnicos del Real Madrid comienzan a seguir sus evoluciones y después de estar bien seguros de que es un jugador que ofrece todas las garantías porque a la temporada siguiente, 2004-05, ya juega regularmente con el primer equipo en Primera, Ramón Martínez le habla de él a Arrigo Sacchi, entonces máximo responsable de la dirección deportiva del club. Sergio Ramos entra en el guión de la política del italiano, que pensaba que el Real Madrid tenía que fichar jugadores españoles aunque fueran muy jóvenes.

El primer partido que Sacchi ve a Sergio en directo es el 22 de diciembre de 2004. Santiago Bernabéu. Real Madrid-Sevilla. Victoria visitante con un gol de Baptista, que posteriormente también terminaría fichando por el Real Madrid. El informe se va completando. En el haber hay muchas más anotaciones que en el debe. Sacchi y Ramón Martínez están decididos. Viajan a Sevilla y contemplan desde el palco del Sánchez Pizjuán varios partidos más. Cuatro ojos juntos ven más que dos.

No se esconden de nadie, pero guardan celosamente cuál es el motivo de su presen-

cia en Nervión. Es la hora de proponer su fichaje al presidente y así se hace. Ramón Martínez recuerda que a Florentino Pérez desde el primer momento le pareció bien la idea. «Era evidente que ya le conocía porque era titular del Sevilla y porque realmente entonces ya llamaba la atención por su potencia, por su comportamiento sobre el campo. Tenía 18 años y parecía un auténtico veterano».

Así comenzó todo. Pero las negociaciones de los ejecutivos madridistas no fueron nada fáciles desde el principio. Todo lo contrario. La incertidumbre, los nervios, la impotencia, incluso la desesperación que le acompañaron día tras día, noche tras noche, durante ese mes de agosto de 2005, Sergio no se los desea ni a su peor enemigo.

Ya en el mes de mayo, con el final de la temporada, el caso comenzó a acaparar la atención informativa. No había día en el que no se publicara algo nuevo al respecto. Rumorología en estado puro. El interés del Real Madrid era casi de dominio público, pero otras informaciones hablaban de que el Barcelona también quería ficharle para que jugara al lado de Puyol.

El entorno de Sergio, como no podía ser de otra forma, intenta llevar el asunto con el mayor sigilo posible. René, su hermano mayor, que ejercía a la vez de representante, tenía bien claro que el presidente del Sevilla, José María del Nido, le había dicho en el mes de enero que no pensaba cortar la carrera deportiva de Sergio y que si llegaba alguna oferta por 2 000 o 2 500 millones de pesetas (12-15 millones de euros) «le ponemos un lazito y lo vendemos».

Cuando el Real Madrid comenzó a interesarse oficialmente por el jugador, el discurso del presidente sevillista ya no era el mismo y no tuvo ningún reparo en comentar públicamente que «la única oferta interesante es la cláusula de 27 millones de euros que está firmada». Sergio tenía contrato con el Sevilla hasta junio de 2008, rubricado en septiembre de 2004 cuando ya pasó a ser jugador del primer equipo. Fue su primer contrato profesional.

Entre negociaciones y declaraciones, el nuevo Campeonato de Liga se echa encima y Sergio Ramos se dispone a jugar con su equipo. Primera jornada de Liga, 28 de agosto. Quedan tres días para el cierre del mercado de verano. El rival en el Sánchez Pizjuán es el Racing de Santander. Caparrós le coloca de central formando pareja con Aitor Ocio. Alves es el lateral derecho. El Sevilla gana (1-0) con un gol de Kepa.

Vestido de blanco inmaculado

Sergio, que ya había debutado con la selección española la temporada anterior, se incorpora a una nueva concentración en Madrid. Llega vestido de blanco inmaculado. El color del traje no es elegido al azar. Era un claro guiño al que debía ser su nuevo club. Recibe entre sonrisas las bromas de sus compañeros. No era muy de trajes ni de corbatas, pero ese día no quería pasar inadvertido porque sabía que todas las cámaras iban a estar pendientes de él. Le habían aconsejado que no hiciera declaraciones que pudieran enturbiar las negociaciones que se estaban realizando, pero no puede disimular su malestar por la situación. Con gesto muy serio para su perenne sonrisa, atiende a los informadores.

–«Estoy viviendo unos días de una gran presión. Estoy dolido con mi presidente Del Nido. No acepto sus declaraciones porque yo lo único que dije es que confiaba en él y en su palabra. Me duele y no acepto que se metan con mi familia. Que diga qué tipo de empleado soy...».

La familia Ramos, su padre y René, continúan su batalla negociadora a dos bandas. Con el Sevilla y con el Real Madrid. Fueron 72 horas agotadoras. La oferta del Real Madrid no pasaba de los 22 millones. Del Nido no se bajaba de los 27 de la cláusula y no quería contemplar la operación como un traspaso, sino como una rescisión unilateral del contrato, situación absolutamente legal y contemplada en la ley.

Vuela el tiempo. El día 30, el mandamás sevillista repite por enésima vez que el jugador se queda en el Sevilla. Sin embargo, las conversaciones personales entre los dos presidentes continúan por el buen camino y acaban en un trato cordial. El Real Madrid llega a los 27 millones porque no quiere quedarse sin el futbolista después de tantos días de negociaciones y porque cree en su potencial y sus posibilidades. El Sevilla se mantiene en su tesis del pago de la cláusula para no romper la promesa verbal realizada por Del Nido a la afición sevillista de que nunca le traspasaría.

Por su parte, Florentino Pérez no quería bajo ningún concepto que el club de Nervión pudiese considerar el fichaje como una acción hostil que perturbase o rompiese las buenas relaciones existentes entre los dos clubes. Hasta que Del Nido no le manifestó que éstas no iban a variar un ápice no dio el visto bueno a la operación. Del Nido reconoció públicamente que las leyes están para ejecutarse y que el Decreto 1006/85 establecía que un jugador profesional podía romper unilateralmente su contrato previo pago de la indemnización fijada en el mismo.

Al margen de las interpretaciones que se puedan hacer al respecto, la realidad es que Real Madrid y Sevilla llegaron a un mutuo acuerdo para que la operación se cerrase de manera definitiva. La mejor demostración de que existía ese pacto tácito entre los dos clubes con la aquiescencia del futbolista, fue que el día 31, última fecha para que se pueda realizar la operación, al mediodía, 15.57 horas, el club de Nervión envía un fax al jugador con el finiquito total, en el que sólo falta por incluirse el tanto por ciento correspondiente a los derechos de imagen de los meses de julio y agosto de esa temporada. Cantidad que fue reclamada más tarde y, ante la falta de respuesta por parte del club hispalense, finalmente fue donada por Sergio a la Fundación del Sevilla. Un total de 8 250 euros.

Atados los últimos cabos, José María y René Ramos acuden a las oficinas del Santiago Bernabéu. Pocos minutos después de las diez de la noche Sergio firma su contrato con su nuevo club... en el parking interior de la Ciudad Deportiva de Las Rozas, donde está concentrado con la selección. Y casi con el control cerrado, a las doce de la noche, como cenicienta, René se presenta en la sede de la Liga Profesional en Madrid con un talón del Banco de Santander por valor de 27 millones de euros. La operación está cerrada. El secretario general de la Liga Profesional comunica al Sevilla oficialmente que el futbolista, por medio de su hermano René, ha depositado el importe de la cláusula de rescisión. Sergio Ramos García ya es jugador del Real Madrid.

En ese momento el problema se traspasa al funcionario de la Liga Profesional que recibe el cheque. A esas horas de la noche no lo podía ingresar en ninguna entidad bancaria y la caja fuerte general de la propia Liga estaba cerrada, sin posibilidad de ser utilizada en ese momento. Después de muchas consultas con sus superiores, el cheque duerme en una pequeña caja de seguridad que tenía el empleado en su despacho.

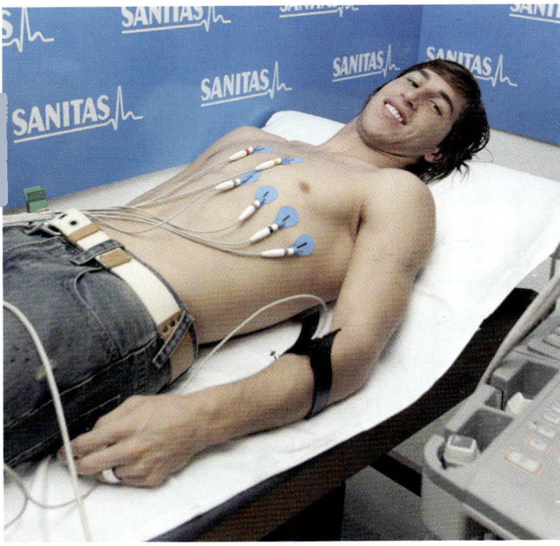

Por fin,

la presentación

El Real Madrid llevaba dos temporadas sin ganar títulos y la inversión para ese curso que comienza asciende a noventa millones. Además de Sergio, ficha a Baptista, Robinho, Diogo, Pablo García y Cicinho, que llegaría en enero. Más que el mismísimo Román Abramovich, que ya intentaba formar un Chelsea campeón. Tres de las operaciones de fichaje (Sergio, Baptista y Robinho) están entre las diez más caras de ese verano.

Nunca el club del Bernabéu había pagado tanto por un defensa y además con sólo 18 años. Sergio Ramos costó más que Woodgate (22) y Samuel (25), incluso más que Robinho, por el que se pagaron 24 millones al Santos. Era el primer fichaje español de Florentino Pérez. Un contrato de ocho años a dos millones brutos por temporada.

La fecha elegida para la presentación oficial parecía no llegar nunca. Era el penúltimo paso antes del debut definitivo con el Real Madrid. Posiblemente aquella concentración con la selección para disputar los partidos contra Canadá y Serbia fue la más larga de su vida. Y eso que, como medio novato que era, todavía respiraba los minutos de internacional con gran intensidad, como si fueran a ser los últimos.

Jugó el amistoso contra los norteamericanos en Santander (2-1), pero no el partido oficial clasificatorio en el Vicente Calderón contra los serbios (1-1). Luis tiró de galones y por aquel entonces Míchel Salgado todavía era el titular.

El disgusto por no jugar y por el empate quedaba compensado en gran parte con la ilusión por todo lo que iba a vivir al día siguiente. Ocho de septiembre, Sergio tenía una cita en el Santiago Bernabéu. Una cita con la historia, con su carrera profesional y con el club por el que acababa de firmar un contrato de ocho años. Tuvo que madrugar. Le esperaba el pertinente reconocimiento médico en la clínica de La Zarzuela. La expectación allí era enorme, sobre todo entre las enfermeras, que recibieron al jugador a golpe de beso y sonrisa.

Alfonso del Corral, responsable entonces de los servicios médicos del club y ex baloncestista profesional, dio su visto bueno después de todas las pruebas con cuatro frases que reflejaban la salud de hierro de un futbolista de 19 años.«Se trata de un jugador joven que no ha sufrido operaciones ni lesiones importantes y que cuenta con una estructura morfológica muy fuerte».

A la una y media de la tarde llega al estadio Santiago Bernabéu. Todo estaba preparado. Presentación galáctica como merece la ocasión. En el palco de honor y con la presencia de dos millares largos de aficionados en el fondo sur del estadio, que no tuvieron inconveniente en guardar una rigurosa fila ante la puerta 34 para ver por primera vez vestido de blanco al primer fichaje español, décimo tercero en total, en los cinco años de Florentino Pérez como presidente de la entidad.

En la sala de Juntas se celebró la protocolaria firma de los contratos. Buena parte de la

Junta directiva quiso estar presente en el acto para arropar al nuevo fichaje. Sergio miraba de reojo a Florentino para cerciorarse bien dónde tenía que estampar su firma y reflejaba su evidente nerviosismo con una perenne sonrisa que no desaparecía de su boca. El jugador recibió en ese momento de manos del presidente una réplica de plata del estadio, una pluma con la fecha grabada para que nunca olvidara el día que firmó por el Real Madrid, que inmediatamente se guardó en un bolsillo de su pantalón vaquero, y un reloj.

Era el momento de pasar al palco. Sol reluciente que se oscurece por momentos por culpa de unas inoportunas nubes. Calor. Casi bochorno. Sergio viste de sport. Camiseta blanca, vaqueros y una chaqueta azul. Unos deportivos de marca en los pies. Cruza la mirada con sus padres y hermanos, que están sentados en primera fila. Fija sus ojos en el césped y ante la primera ovación que le llega desde la grada se ve obligado a saludar con su mano derecha. Con las dos. Sigue nervioso. Más si cabe. No deja de sonreír.

Don Alfredo di Stéfano, presidente del honor del club y leyenda viva del Real Madrid, llega con uno de los secretos mejor guardados en una bolsa azul con el escudo del club, aunque Sergio lo conocía. Se trata de la camiseta. Toma la palabra Florentino Pérez.

«Afrontamos esta nueva temporada con una plantilla equilibrada y sobre todo con una enorme y gran capacidad para generar ilusión entre los aficionados. Será un año importante y sé muy bien que todos nuestros futbolistas están perfectamente mentalizados ante este nuevo reto. Para ello vamos a contar a partir de hoy con un jugador excelente: Sergio Ramos. Es el último jugador que se incorpora a nuestra plantilla con la ilusión no sólo de ganar, sino también dar espectáculo…

… Porque este es un club donde los aficionados aman el espectáculo futbolístico como todos conocemos. Es un club donde los aficionados aman el fútbol de ataque, pero también sabemos que son muy exigentes y valoran y respetan el sacrificio de sus jugadores. En el Real Madrid ser defensa no es una tarea fácil. Nuestros seguidores lo saben y por eso también quieren aquí a los mejores y a los más preparados. Sé que para Sergio es un orgullo vestir la camiseta del Real Madrid y también llevar el número cuatro porque es plenamente consciente de lo que significa nuestra historia, ese número y este escudo…

… Sergio siente esa responsabilidad, pero también está plenamente convencido de que posee fuerza y capacidad para vivir este importante desafío. Con Sergio hemos fichado talento y ambición. Está dotado para el fútbol de calidad, es valiente y sueña con triunfos. Con Sergio contamos ante todo con un jugador que ama este deporte y que nos tiene reservadas grandes tardes de fútbol. Sergio, a partir de ahora te espera mucho trabajo y mucho sacrificio, pero también muchas dosis de felicidad en este estadio. Estoy seguro y todos estamos así convencidos de que vas a escribir muchas páginas gloriosas y durante muchos años en este centenario club…

… Sergio, bienvenido a tu casa, bienvenido al estadio Santiago Bernabéu, bienvenido al Real Madrid. Muchas gracias».

El presidente de honor, entre los aplausos y los flashes, sacó la camiseta y se la entregó al jugador con un escueto pero sentido deseo. «Bueno, chaval, bienvenido al club y mucha suerte en tu vida deportiva, felicidades».

Sergio se dirigió hacia el micrófono después de mostrar su camiseta a los medios de comunicación con ese cuatro a la espalda, el número de Fernando Hierro y de José Martínez «Pirri». Ahí es nada. Con las pulsaciones a mil, no se dio cuenta de que el micrófono estaba demasiado bajo y sus primeras palabras de agradecimiento apenas se escuchaban. Fue Florentino Pérez en persona el que se acercó y lo subió a la altura correspondiente.

«Quiero expresar la alegría que tengo hoy. Para mí es el mejor día de mi vida. Desde pequeño soñaba con un día como éste y hasta que no lo sientes no puedes expresarlo y no sabes expresar todo esto que se lleva dentro. Quiero agradecer al presi la confianza que ha puesto en mí y decirle a la afición que esté tranquila, que vamos a darle muchas alegrías este año».

Una ovación de los aficionados fue el broche a sus palabras y Sergio y toda la comitiva oficial dirigieron sus pasos hacia el vestuario del primer equipo, donde por primera vez se iba a enfundar esa camiseta con el número cuatro antes de saltar al césped del Bernabéu y dar sus primeros toques al balón. Botas rojas que relucían sobre el fondo verde y una amplia variedad de repertorio con las dos piernas, con la cabeza, con el pecho. Todo ello coreado por unos aficionados entregados con el flamante fichaje. Antes de abandonar el terreno de juego Sergio regaló dos balones a un par de aficionados minusválidos situados en primera fila.

Sus padres, Paqui y José María, y sus hermanos, Miriam y René, le arroparon en esos momentos. Su madre ocultaba la emoción que reflejaban sus ojos detrás de unas grandes gafas de sol y realmente no podía hablar.

«Alucinando estoy, muy contenta… ¡No puedo ni hablar, no me salen las palabras, estoy muy emocionada!».

Y ni una palabra más le sacaron los micrófonos de los periodistas. Miriam, la hermana, la niña de sus ojos, nunca olvidará la llorera que le entró ese día cuando vio a su hermano con la camiseta del Real Madrid.

La agotadora mañana acabó en la sala de Prensa con su comparecencia ante los medios de comunicación. El futbolista reconoció estar mucho más nervioso de lo normal

«porque es una experiencia que no conocía y van a ser unas imágenes que no podré borrar de mi cabeza en toda mi vida».

Hizo gala de su humildad al contestar que no se consideraba titular. «Vengo a ganarme un puesto, empiezo de cero y no tiene nada que ver que sea hayan pagado por mí 27 millones. Y me da lo mismo jugar a la derecha que de central. Me adaptaré a lo que el entrenador me pida».

Emilio Butragueño, vicepresidente entonces del Real Madrid, participó activamente en las negociaciones de su fichaje y también mostraba su satisfacción porque Sergio ya fuera jugador blanco… del Bernabéu.

«Yo con diecinueve años estaba en el Tercera. Él va a tener un gran reto por delante y pensamos que tiene capacidad y seguro que nos va a ayudar mucho. Ha llegado aquí por algo y eso debe mantenerlo. Esa personalidad que le ha permitido superar situaciones comprometidas y dificultades, eso nunca lo debe perder y lo debe acrecentar. Pensamos que su potencial es enorme y aquí debe seguir mejorando. Es un jugador que nos va a hacer más fuertes. Ojalá Sergio pueda competir con Fernando Hierro, que llegó con 21 años al Madrid procedente del Real Valladolid y que quizá ha sido el mejor en la historia del club en su puesto».

2005-06

Una primera temporada complicada

En esa acelerada jornada de jueves comenzó a comprender lo deprisa que corría la vida en el Real Madrid. Al día siguiente, primer entrenamiento oficial. Conoció a Vanderlei Luxemburgo y a sus nuevos compañeros, aunque a Casillas, Salgado y Raúl ya los conocía de la selección. El técnico brasileño le incluye en la convocatoria para el partido contra el Celta, segundo de la Liga, primero de la temporada en el Bernabéu.

Sergio consideró normal no estar en el once inicial. Los acontecimientos se habían precipitado en la semana anterior y apenas había completado un entrenamiento con su nuevo equipo. El Real Madrid venía de una larga pretemporada con la gira por Estados Unidos, China y Japón y de ganar en el estreno liguero en Cádiz (1-2) y el entrenador no repitió el once, pero sí el bloque defensivo con Casillas; Salgado, Helguera, Pavón y Roberto Carlos.

La gran estrella de esa tarde para la afición blanca era Robinho, que ya había jugado unos minutos en el Ramón de Carranza dejando muy buenas impresiones y que también se estrenaba en el coliseo. Sergio no esperaba siquiera entrar tan pronto en el equipo como lo hizo.

«Yo esos días ni hablaba. Y mira que yo hablo. Me daba vergüenza. Como tenía el dorsal 4 y en el vestuario estábamos colocados por números, si miraba para un lado veía a Roberto Carlos, que era el 3, y si miraba al otro veía a Zidane, que era el 5… Estaba cortado. Luego estaba Ronaldo, el jugador del que me ponía las camisetas de pequeño

cuando jugaba y tenía un póster firmado en mi habitación de Sevilla; estaba Raúl, al que conocía de la selección y que fue el que, al principio, más venía a hablar conmigo. Bueno, también Roberto Carlos, con el que desde el principio hice buenas migas».

En el descanso el técnico le dijo que se preparara, que iba a sustituir a Pavón –había visto una tarjeta amarilla al dar el balón con la mano en su área en una acción que el árbitro además consideró penalti–. Segundos después fue testigo de la bronca que el entrenador brasileño echó a los titulares en el vestuario por su falta de concentración, sobre todo defensiva, en la primera parte.

El sueño de la infancia al que se había referido el día de la presentación estaba a punto de hacerse realidad. Con el 4 a la espalda subió por primera vez las escaleras del túnel de vestuarios del Bernabéu para disputar su primer partido oficial. Iker, desde la portería, le pedía calma, tranquilidad. «Como tú sabes, como tú sabes». Roberto Carlos le abrazó. Helguera le dio los primeros consejos de colocación.

Sergio mira hacia un lugar determinado de la tribuna donde sabía que estaba casi toda su familia. Sus abuelos maternos, Reyes y Juan, sus padres, Paqui y José María, sus hermanos, Miriam y René… Sonríe. Hace un gesto. Se mesa el pelo. Corretea nervioso. Está deseando que el árbitro reanude el juego.

El partido se había marchado al descanso empatado (2-2), pero el Celta de Fernando Vázquez había dado ya un susto adelantándose en el marcador y empatando de nuevo el encuentro en el último minuto. Sergio fue protagonista directo de la jugada que al final supuso la derrota de su equipo. No podía comenzar peor, se lamentaba hacia su interior mientras ganaba los vestuarios. Fue una jugada en la que el delantero céltico, Baiano, utilizó toda su corpulencia y experiencia para meterle el cuerpo cuando iban a saltar y le desestabilizó. Sergio reclamó la falta, pero el centro de la muerte del delantero acabó con un chutazo impresionante de Canobbio que se estrelló en el larguero… y botó fuera de la línea, aunque el árbitro concediera el gol.

No le dio mucho tiempo a Sergio ni a sus compañeros a masticar esa primera derrota liguera y además en su estadio porque el miércoles siguiente esperaba la Champions. Otro estreno. Ya sabía lo que era jugar una competición europea porque había jugado la Copa de la UEFA con el Sevilla, pero no había escuchado nunca como protagonista de la película la música celestial de la Liga de Campeones.

La cita es en Gerland, Lyon, donde nunca había jugado antes el Real Madrid. Bajas importantes. Ni Ronaldo ni Zidane. Beckham, medio cojo, es titular. Otra vez en el centro de la zaga junto a Helguera con Salgado y Roberto Carlos en las bandas. El partido resultó una pesadilla. A la media hora ya se perdía por tres goles, dos a balón parado, Casillas había rechazado un penalti y el equipo apenas había salido de su campo.

Luxemburgo montó un once superdefensivo que no fue suficiente para frenar a un Olympique inspirado. Para su desgracia, en los años posteriores, Sergio volvería a vivir situaciones parecidas en ese estadio que visitaría de manera repetitiva.

Esos dos resultados negativos consecutivos estuvieron acompañados de duras críticas

en los medios de comunicación por el juego del equipo. Al domingo siguiente llegó la tercera derrota en cadena, ante el Espanyol en el Olímpico de Montjuic, y la cabeza de Vanderlei Luxemburgo comenzó a peligrar.

Un mes de madridista le sirve a Sergio para calibrar la grandeza del club por el que ha fichado y como se magnifican todas las situaciones.

«Este club es mucho más grande en todos los sentidos de lo que yo pensaba. Desde fuera y a mi edad no se pueden comprender muchas cosas de las que te das cuenta cuando estás dentro y aunque sólo lleve un mes. Lo que más me impresiona es la presión que tiene el equipo. Si no se gana es una tragedia».

La realidad es que su primera temporada en el Real Madrid ni se pareció a lo que se podía haber imaginado. A nivel individual no se puede considerar mala, todo lo contrario. Se hizo con la titularidad, fue de los más regulares y en los peores momentos del equipo se valoró su actitud, su entrega, su raza. Los medios de comunicación comenzaron a identificarle con los valores que siempre habían caracterizado al Real Madrid y con jugadores como Pirri, Camacho, Juanito, Stielike… Y estamos hablando de que tenía sólo 18 años.

Pero el equipo, como colectivo, no dio la talla en ninguna de las tres competiciones y esos malos resultados no sólo provocaron la destitución del entrenador, Vanderlei Luxemburgo, a finales de diciembre, sino que repercutieron aún más arriba, en la presidencia, y ocasionaron la dimisión de Florentino Pérez, el hombre que tanto había hecho para ficharle.

El 27 de febrero, justo después de la eliminación de la Copa del Rey y las sucesivas derrotas en la Champions ante el Arsenal en el Bernabéu (0-1) y en la Liga ante el Mallorca (2-1), el presidente decidió dejar el club. Curiosamente, en la conferencia de Prensa en la que lo anunció de manera oficial, Florentino hizo referencia a unas declaraciones de Sergio Ramos una vez terminado el partido de Son Moix. El jugador, visiblemente molesto por la derrota y por cómo se produjo, no se mordió la lengua. Era su primera temporada en el club y en esa plantilla, pero ya lo sentía como propio y comenzaba a despertar su alma de líder.

En referencia a cómo sus compañeros habían celebrado su gol, que adelantaba al Madrid en el marcador, comentó: «Parecía que había marcado el Mallorca porque nadie vino a celebrarlo conmigo. Deberíamos estar más unidos porque la unión hace la fuerza y ser todos más amigos».

El presidente dio la razón al defensa en su despedida. «Sergio tiene razón. Me gustaría que en el Real Madrid celebraran los goles como los celebró el Mallorca».

Retrocedemos en el tiempo. Antes de ser destituido, Luxemburgo comienza a utilizar a Sergio como mediocentro, al lado de Diogo o de Pablo García, pero vive como central una de las derrotas más tristes de la temporada. El Barça gana con claridad en el Bernabéu (0-3) en lo que fue su primer clásico y particularmente sufre como nunca lo había hecho en un campo de fútbol ante un rival, Ronaldinho.

«Era imposible pararle. Una vez me dejó sentado. Me levanté con la única obsesión de que no me lo volvería hacer en mi vida».

Tampoco había vivido en su corta carrera una experiencia parecida, con tanto cambio de posición y de compañeros. En menos de media vuelta de Campeonato había formado pareja en el centro de la defensa con Pavón, Helguera, Woodgate, Mejías y hasta con Raúl Bravo. Una muestra más de la frustración de Luxemburgo, que fue despedido en la décimo cuarta jornada a pesar de ganar al Getafe en el Bernabéu (1-0).

López Caro, que era el entrenador del Castilla, se hizo cargo del primer equipo. Y su estreno en el banquillo vino acompañado del primer gol de Sergio en la Liga, justo cinco días después de su estreno realizador en la Champions. Fue en La Rosaleda, ante el Málaga. Abrió el marcador. Córner lanzado por Zidane y cabezazo impecable.

Esa noche, Sergio realizó un extraordinario partido, tanto como para que las crónicas le convirtieran en el gran protagonista. En mi crónica de ABC, bajo el título de «Ramos, lo caro casi siempre es bueno», escribí:

«Sergio Ramos volvió a ofrecer en Málaga otra demostración futbolística en ese puesto (mediocentro) que no es el suyo, pero que se adapta perfectamente a sus cualidades físicas y técnicas. Anda sobrado, por eso puede jugar donde se proponga o le manden. El Madrid le fichó para central pensando en solucionar para la próxima década su perenne problema en esa zona. Luis piensa que, de momento, sus condiciones se ajustan más al lateral; Luxemburgo siempre confió en él para el eje central... y como mediocentro juega con un desparpajo impropio de su edad.

Domina el juego aéreo en las dos áreas –segundo gol consecutivo en cuatro días–; presiona en el campo rival, como le gusta a su nuevo técnico, con una prudencia táctica que le guía a recuperar la posición con rapidez; desplaza el balón con soltura, intención y tacto y cuando llega arriba, llega de verdad, sin temor a sacar el zapatazo».

La primera vuelta del Campeonato finalizó con otro partido especial para Sergio. Visitaba el Bernabéu su Sevilla. La primera vez que se iba a enfrentar a sus ex compañeros. Sergio acapara las portadas de los periódicos tanto de Madrid como de Sevilla y confiesa que no olvida su pasado sevillista y esos colores aunque se debe al Real Madrid.

«No creo que celebre el gol, si lo marco, por respeto. Siempre estaré agradecido a ese club por todo lo que me ha dado. Llevo pensando en este partido desde que salí de allí. Me voy a enfrentar a un equipo que llevo en el corazón. Cuando vea a mis ex compañeros y esa camiseta seguro que se me pone la carne de gallina. Me emocionaré seguro. Quiero cambiarme la camiseta con Aitor Ocio. Lo primero que hago cuando termino mis partidos es preguntar qué ha hecho el Sevilla y cuando veo sus partidos, celebro los goles».

BECKHAM
23
4
LFP
RMCF

J. BAPTISTA
8

Esa tarde realmente los que celebra son los tres de Zidane, gran protagonista de un partido que concluye con media docena de goles (4-2).

También el nuevo entrenador, que a Sergio le recordaba a Caparrós, comenzó a utilizarle en el centro del campo y así transcurrió toda aquella irregular temporada, alternando ambas posiciones. La semana en la que juega su primer Barça-Madrid en el Camp Nou cumple 20 años. Y el empate (1-1) le compensa en parte del recuerdo del partido de la primera vuelta.

El calendario había dejado para el último encuentro del Campeonato su vuelta al Sánchez Pizjuán. A punto está de no poderlo jugar. Es expulsado en el partido anterior contra el Villarreal, pero el Comité de Competición le quita la sanción. Sergio quería jugar a toda costa, aunque imaginaba lo que le podía suceder. Exactamente lo que pasó. El Real Madrid llegaba a ese encuentro tan especial para él jugándose la segunda plaza. La primera ya era para un Barcelona imparable que además de ganar la Liga, al día siguiente iba a conquistar la Champions en París ante el Arsenal.

Su vuelta a su otra casa, donde había crecido y se había ganado a pulso poder dar el salto a un equipo como el Real Madrid y hacerse un hueco en la elite del fútbol español, era una de las fechas que Sergio esperaba con mayor atención. 16 de mayo de 2006. Fuera de fecha oficial. Dos días después. Martes. El Sevilla venía de ganar la semana anterior la Copa de la UEFA.

El partido fue un suplicio para él desde mucho antes de que el balón comenzara a rodar. Prácticamente desde que el autobús del Real Madrid llegó al Sánchez Pizjuán y comenzara a ser increpado de mala manera. La afición sevillista no le perdonaba su marcha al club del Bernabéu y los intercambios de declaraciones, antes y después del traspaso, entre el futbolista y su ex presidente, José María del Nido, también influyeron en el recibimiento. Gritos e insultos desde que saltó a calentar, que se acrecentaron cuando el Real Madrid le hizo el pasillo al Sevilla como reconocimiento a su éxito continental.

Ese último encuentro antes del Mundial fue el fiel reflejo de todo lo que había sido la temporada. El Real Madrid se adelantó (0-2) en el marcador y acabó goleado (4-3). Quedó segundo y por lo tanto se ganaba el acceso directo a la Champions gracias a que el Valencia perdió en El Sadar ante Osasuna. De haber ganado el equipo levantino los de López Caro hubieran finalizado terceros. Ese partido de pésimo recuerdo para Sergio fue también el último de Zinedine Zidane, que marcó un gol, con la camiseta del Real Madrid.

Sergio, aconsejado por su familia, había contado más de diez veces hasta cien a lo largo de esa temporada para no echar más leña al asunto de su marcha. Pero al final del partido, dolido por los insultos de la que él consideraba su afición, no pudo reprimirse y explotó. «Me han insultado a mí y a toda mi familia por culpa del presidente, que siempre ha dicho su verdad sobre cómo se desarrollaron los acontecimientos de mi traspaso, pero que no es la realidad verdadera. No contaron la verdad sobre mi marcha».

Si su primera Liga como jugador del Real Madrid fue un suplicio salvado al final con el segundo puesto, tampoco el recorrido por la Champions fue bueno. Los blancos superaron el ya comentado primer traspié de Gerland y terminaron clasificándose segundos de su grupo, pero mostrando también una irregularidad ilógica en una plantilla tan notable. Triunfos ante al Rosenborg en los dos campos y contra el Olympiakos en el Bernabéu, donde no se pasó del empate ante el Olympique de Lyon. Cierra la fase con una nueva derrota en Atenas.

PRIMER GOL CON EL REAL MADRID

Liga de Campeones 2005 | Estadio Georgios Karaiskakis | Día 6/12/2005

OLYMPIAKOS 2 1 REAL MADRID

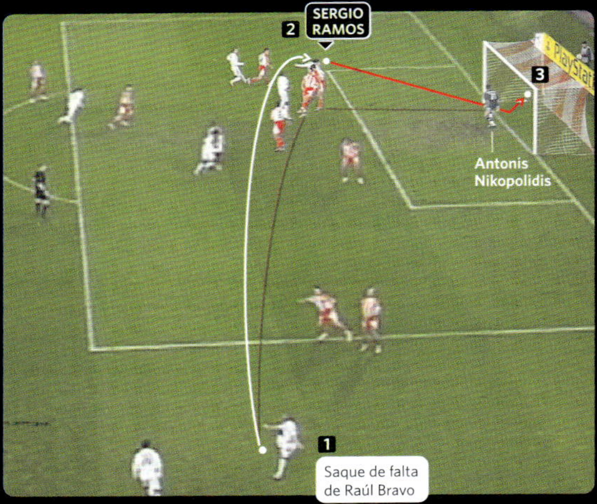

La única noticia positiva de esa noche es que Sergio marca su primer gol con la camiseta del Real Madrid. ¡De cabeza! En una falta sacada por Raúl Bravo.

El rival para los octavos de final de la Champions fue el Arsenal, que de la mano de un Henry inspirado pescó en aguas revueltas. Ganó en el Bernabéu (0-1) e hizo buena esa mínima renta en el partido de vuelta en Highbury (0-0).

Tampoco la Copa del Rey sirvió para salvar el curso. El equipo entró en la carrera en octavos de final, en enero, y eliminó sucesivamente al Athletic y al Betis ganando los cuatro partidos. Resultados que no hacían pensar que en la ida de las semifinales el Zaragoza le pudiera hacer un 6-1 en La Romareda, pero así fue. Debacle absoluta que se intentó remediar en la vuelta seis días después pero la reacción, brillante por otra parte, se quedó a un gol de la clasificación y del consiguiente pase a la final.

2006-07

Su primer título de Liga

Con el mal sabor de boca por la eliminación ante Francia en el Mundial, que no entraba en los pronósticos, Sergio se pierde unas semanas de vacaciones antes de disponerse a vivir su primera pretemporada como tal con el Real Madrid porque la anterior la había realizado con el Sevilla. Concentración en Irding (Austria) y su primera gira por Estados Unidos.

Después de la convulsión de la campaña anterior, las elecciones llevan a la presidencia a Ramón Calderón y al banquillo a Fabio Capello, fichado por Pedja Mijatovic. Se incorporan al equipo Cannavaro, Diarra, Emerson, Van Nistelrooy, Reyes y Torres. En enero lo harían Higuaín, Gago y Marcelo.

Después de tres temporadas sin título las obligaciones responsabilizan al equipo, que va alternando las tres competiciones con suerte dispar. Mientras en la Liga mantiene el duelo contra el Barcelona, en la Champions vuelve a llevarse una nueva desilusión. Supera la fase previa ante Olympique de Lyon, Dinamo de Kiev y Steaua, pero en octavos el Bayern Múnich impone su ley. Sergio no disputa el primer partido en el Bernabéu (3-2) pero sí la vuelta, donde el equipo pierde (2-1) y él marca un gol al final que es anulado injustamente por el árbitro y que hubiera supuesto la clasificación.

Esa noche su decepción por la derrota iba acompañada por la frustración de la injusticia. Además sufrió un codazo de Makaay y acabó con la nariz rota y sangrando de forma abundante hasta que los médicos lograron reducirle la hemorragia sobre el mismo terreno de juego, porque se negó a abandonarlo a pesar del dolor y de lo aparatoso de la situación.

En la Copa del Rey, otro disgusto. Tras superar la primera eliminatoria contra el Écija, el Madrid cae en octavos ante el Betis, el eterno enemigo de Sergio. Sólo queda la Liga y Capello y sus hombres se conjuran para ganarla.

En el mes de diciembre comienzan los rumores acerca de una posible oferta del Milán por Sergio Ramos. La Prensa italiana asegura que le ofrece cinco años y el doble de lo que gana en el Real Madrid. En esta ocasión los tiros de los medios de comunicación no están mal encaminados. René viaja a Milán y se reúne con Ernesto Bronzetti, el hombre-mercado del club rossonero. Después visita las oficinas y mantiene una toma de contacto con Braida, director deportivo del club.

Son simples acercamientos cuyos ecos llegan a las oficinas del Bernabéu y el presidente Calderón promete al jugador que le va a mejorar el contrato.

La Liga transcurre complicada, pero Sergio se convierte en el adalid de la esperanza. Nunca duda de que será para el Real Madrid y así lo proclama en todos los medios de comunicación. A falta de ocho jornadas aventuró en una quiniela en el diario AS que el Real Madrid sacaría nueve puntos al Barça, 78 por 69, que el Sevilla sería tercero (67) y el Valencia, cuarto (63). Se equivocó en sus previsiones demasiado optimistas, pero no en qué equipo sería campeón.

10
RMCF

SERGIO RAMOS
4

El seis de mayo de 2007, en la jornada 33, Sergio cumple cien partidos de Liga. Precisamente el rival es el Sevilla. Tiene exactamente 21 años, un mes y 8 días. Ha disputado 39 partidos con el Sevilla (2 goles) y 61 con el Real Madrid (8).

La reacción final del equipo tras la derrota en Santander (jornada 30) es fulgurante. Gana los seis partidos siguientes (Valencia, Athletic, Sevilla, Espanyol, Recreativo y Deportivo). Dos de ellos, en el Bernabéu ante el Sevilla y el Espanyol, con remontadas espectaculares. Los andaluces se pusieron por delante en el marcador y dos goles de Van Nistelrooy y uno de Robinho dieron la vuelta al partido.

Más complicado fue la semana siguiente contra los periquitos. Dos goles de Pandiani pusieron un inquietante 0-2 en el marcador. Van Nistelrroy, que sería Pichichi del Campeonato con 25 goles, acortó distancias, Pandiani marcó el tercero y Raúl, Reyes e Higuaín en el último minuto firmaron el milagro. También hubo susto en Huelva ante el Recreativo en la jornada 35. Los de Capello se dejaron empatar un cómodo 0-2 y Roberto Carlos salvó la Liga con un tanto en la prolongación.

Sergio tuvo una aportación importante en este impresionante final de temporada. No ya sólo en su faceta defensiva, sino también en la realizadora. Tres tantos marcó en ese tramo postrero. Suyo fue el de la victoria ante el Valencia (2-1), justo la jornada posterior a la derrota de Santander. También abrió el marcador en el siguiente partido en San Mamés (1-4) y en el antepenúltimo, contra el Deportivo en el Bernabéu (3-1).

Llega el Real Madrid a la penúltima jornada, en Zaragoza, empatado a puntos con el Barcelona y el goal average favorable. Ambos partidos se jugaban de forma simultánea como es preceptivo en las últimas jornadas cuando está todo en juego.

En el minuto 89 el Barcelona ganaba 2-1 al Espanyol y el Real Madrid perdía por el mismo resultado en La Romareda. La Liga estaba prácticamente perdida porque en la última jornada los azulgranas visitaban al Nástic de Tarragona. En ese minuto, Van Nistelrooy marca el empate para el equipo de Capello y dieciocho segundos después, Tamudo igualaba en el Camp Nou y dejaba todo en el aire para la última jornada en la que el Real Madrid recibía al Mallorca en el Bernabéu.

La fiesta que jugadores, técnicos y hasta el propio presidente, que dio la vuelta al campo para encontrarse con los aficionados que se habían desplazado a Zaragoza, era sinónimo de título. Todos celebraron el empate como victoria y estaban convencidos de que una semana después se iban a proclamar campeones. Por cierto, que los jugadores del Real Madrid mandaron uno de los relojes que les regaló el Club por ganar la liga a Raúl Tamudo en agradecimiento por su decisivo gol.

En la última jornada, el Real Madrid no falla. Se proclama campeón empatado a 76 puntos y gracias al goal average particular. El Madrid había ganado (2-0) al Barcelona en el partido de la primera vuelta y había empatado (3-3) en el Camp Nou. En ese encuentro Sergio marcó el 2-3 y cuando parecía que la victoria estaba asegurada, Messi, que hizo los tres tantos azulgranas, empató el partido. Hasta tres veces se llegó a poner por delante el Madrid, que salió muy reforzado del estadio barcelonista.

Precisamente ese partido fue, según Sergio, clave en lo que iba a suceder después a pesar de que salieron de Barcelona a cinco puntos de su rival.

«Antes de febrero las cosas pintaban mal. Los jugadores hablábamos mucho entre nosotros y supimos extraer conclusiones de todo lo malo que estábamos haciendo. Después del partido del Camp

Nou, aunque no termináramos ganando, pensamos que podíamos aspirar al título. Aquel día perdoramos. Fuimos muy superiores, allí nos dimos cuenta de que éramos un buen equipo de fútbol. Desde entonces fue un cambio radical, comenzamos a disfrutar y salíamos todos los partidos convencidos de que podíamos ganarlos, cosa que no nos pasaba antes. No teníamos ese convencimiento. Se dice que el fútbol es un estado de ánimo y nosotros encontramos ese ánimo justo a tiempo. Dejamos de estar crispados y las cosas comenzaron a funcionar. Ganamos la Liga».

Sergio disfruta como el que más de la apoteosis contra el Mallorca que también va acompañada de remontada, tercera del esprint final. Los blancos dependen de sí mismos y no fallan, a pesar del susto por el tempranero gol de Valera, un ex del Betis, como recuerda Sergio. Fabio Capello tuvo que recurrir a Reyes para darle la vuelta al partido. Durante una hora larga el Barça, que ganaba fácil en Tarragona, fue campeón. Reyes empató, Diarra puso el marcador a favor y de nuevo Reyes sentenció el partido y la trigésima Liga del Real Madrid.

Además del alirón, despedida de Beckham y Roberto Carlos. En el palco, Rafael Nadal y Tom Cruise y Katty Holmes acompañando a Victoria Beckham. Primer viaje a La Cibeles. Seiscientos mil madridistas en las calles. Ramos quedó impresionado.

En un análisis individualizado del rendimiento de cada jugador durante la temporada, José Samano en El País definió así la actuación de Sergio. «La reencarnación del espíritu madridista que en su día simbolizaron Pirri y Santillana. Un atleta que juega con el mismo entusiasmo y la misma valentía en las dos áreas. Apunta como un referente inmediato para el vestuario». Había jugado de lateral, alternando con Salgado y Cicinho, y de central, formando pareja con Cannavaro.

Al final de temporada se opera del tabique nasal. El 21 de junio es intervenido por el doctor Néstor Galindo. Hora y media en el quirófano. El galeno declara sentirse admirado y sorprendido de que hubiera jugado tres meses con esa lesión. Tal y como estaba la nariz le debía ser muy difícil respirar. Sergio se había lesionado el 7 de marzo en Múnich en un cabezazo fortuito de Makaay. Al regresar a Madrid le hicieron una exploración, pero como el domingo siguiente el Madrid jugaba en el Camp Nou ante el Barça (3-3), no quiso descansar. Es más, marcó un gol de cabeza en el coliseo azulgrana.

Jugó más de un mes con fuertes dolores y como no remitían el 18 de abril, en la clínica Ruber, le hicieron unas radiografías que le descubrieron la fractura abierta del tabique nasal con obstrucción respiratoria del lóbulo derecho. La intervención era inevitable, pero Sergio la retrasó hasta final de temporada.

2007-08 De la **tragedia** de **Puerta**
a la segunda Liga

28 de Agosto de 2007. Martes. Muere Antonio Puerta. Uno de sus grandes amigos. Diecisiete días habían pasado desde que se habían enfrentado en el partido de ida de la Supercopa en el Sánchez Pizjuán. Habían estado hablando de sus cosas y gastando bromas como siempre que se encontraban. Antonio no disputó el partido de vuelta en el Bernabéu, en el que el Sevilla ratificó el 1-0 del partido de ida con un rotundo 3-5, pero estuvo en el banquillo y también tuvieron tiempo de intercambiar unas palabras.

Nadie podía sospechar que pocos días después, en el primer partido de Liga, Sevilla- Getafe, Puerta pudiera sufrir ese percance que le costó la vida. Cayó desplomado en el césped y tuvo que ser trasladado en ambulancia al hospital Virgen del Rocío, donde estuvo sesenta horas luchando contra la muerte.

En el momento del fallecimiento, el Sevilla se encontraba en Atenas, donde iba a disputar el partido de ida de la previa de la Champions. Se enteran de la trágica noticia pocas horas antes de comenzar el encuentro. El propio presidente de la UEFA, Michel Platini, toma la decisión de aplazar el encuentro y toda la expedición regresa inmediatamente a Sevilla.

El Real Madrid también aplaza el trofeo Santiago Bernabéu, que se iba a jugar ese día. Sergio se desplaza con permiso del club hasta la capital hispalense. El entierro se convierte en una impresionante manifestación de duelo de todo el fútbol continental. La delegación del Real Madrid, además de por Sergio, está formada por el presidente Ramón Calderón, el director deportivo Pedja Mijatovic, los capitanes, Raúl, Iker y Guti, además de Baptista y Saviola, que habían sido compañeros de Antonio en el Sevilla.

El equipo, en su primer partido después del triste acontecimiento, en Villarreal, salta al campo con una camiseta blanca con la foto de Antonio Puerta y un mensaje: «Siempre con nosotros». Sergio, además, lleva debajo de su elástica del Real Madrid otra con una leyenda muy especial: «Puerta hermano d.e.p. No te olvidaremos». Cuando Van Nistelrooy marca el segundo tanto y, al final del partido, Sergio muestra a las cámaras de televisión su camiseta como homenaje a su amigo y compañero, levantando los dedos al cielo. Un mes después, el 30 de septiembre, marca en Getafe su primer gol tras la desgracia y se lo dedica también a Antonio.

Esta tragedia marca el comienzo de su tercera temporada. Otra vez cambio de entrenador. Fabio Capello, molesto con el presidente, decide no seguir y su relevo es Bernd Schuster. Novedades también en el vestuario. Caras nuevas. Llegan Heinze, Sneijder, Dudek, Baptista, que regresa, Robben, Pepe, Drenthe, Metzelder, Saviola. Sin embargo se van hombres con los que había hecho una buena amistad, como Roberto Carlos, su viejo amigo Reyes y David Beckham, uno de los futbolistas con los que mejor se había entendido dentro del terreno de juego. También había echado de menos la temporada anterior a Ronaldo, «el gordito» como él le llama, que se marchó al Milán en diciembre por su incompatibilidad manifiesta con Fabio Capello.

20-octubre de 2007. 21 años 6 meses y 20 días. Cumple su partido cien oficial con el Real Madrid. Contra el Espanyol (2-1). Marcó con la derecha su décimo quinto gol desde que es jugador del Real Madrid, tras un córner sacado por Guti. Balance: 74 partidos de Liga (11 tantos), 15 de Champions (2 goles), 9 de Copa del Rey (1) y dos de Supercopa de España (1).

Gran comienzo de temporada. Disputa 17 partidos consecutivos. Los dos de la Supercopa, las doce primeras jornadas de Liga y las cuatro primeras de Champions. ¿Rotar? Le preguntan tras un partido. «Pero si tengo 21 años, cómo voy a estar cansado, ya tendré tiempo para rotar». Eran los tiempos en los que confesaba que disfrutaba más como lateral que como central.

Con el equipo lanzado en el Campeonato, a finales de noviembre vuelven a aparecer noticias sobre el interés del Milán, justo un año después. Ronaldo es ahora su mejor interlocutor. Mantienen la amistad y el contacto habitual. Tanto como que Sergio le compra su casa de La Moraleja. Su amigo le hace un importante descuento. Si esas paredes hablasen… La Prensa italiana afirma que ha sido el propio Ronaldo el que ha recomendado el fichaje de Sergio al mismísimo Silvio Berlusconi, dueño del club. Incluso ponen en boca del delantero estas palabras: «Sergio vente al Milán, aquí se te valorará».

En el Real Madrid la situación se vive con relativa tranquilidad. «El club que le quiera tendrá que pagar la cláusula de 180 millones que tiene». Sergio se deja querer, pero con moderación y sin herir susceptibilidades. «Es un lujo que me quiera el Milán, pero yo estoy bien en el Madrid. Es bueno que se hable de este interés porque eso significa que estoy haciendo bien mi trabajo».

En enero de 2008 concede una entrevista a Marca en la que cierra la puerta del Duomo. «No me voy al Milán». Al mismo tiempo sale otra entrevista con Paolo Maldini en la que éste ensalza a Sergio y añade que en poco tiempo se convertirá en el mejor central del mundo. Estas palabras de uno de sus ídolos y referencia por la posición que ocupaba en el campo, le impactan. «Que un jugador como Maldini diga eso de un jugador tan joven como yo, que todavía no ha ganado nada, me emociona. Que diga que soy su heredero, me motiva y me encanta».

El equipo comienza la temporada con fuerza. Seis victorias y un empate antes de perder el primer partido en el campo del Espanyol, donde precisamente marca Sergio en el último minuto con el choque sentenciado. Ya había marcado en Getafe el tanto que le dio la victoria a su equipo. Es expulsado en Sevilla, con nueva derrota (2-0). El jugador vuelve a tener un recibimiento hostil por parte de un buen número de aficionados, que continúan sin perdonarle su marcha al Madrid. Ve dos tarjetas amarillas, la primera por una enganchada con Keita y la segunda por una entrada a Capel.

El mejor Madrid se ve justo por Navidad, cuando llega la visita al Camp Nou donde gana (0-1) con gol de Baptista, pero demuestra una gran superioridad. Gran partido de los blancos, que se proclaman campeones de invierno a falta de dos jornadas y dejan al Barcelona a siete puntos de diferencia.

En enero se produce una anécdota que define perfectamente a Sergio. Recibe un pisotón en el partido de Copa contra el Mallorca y frente al Atlético, en el Vicente Calderón, decide jugar con las botas de Van Nistelrooy, un 44, un numero más que las suyas, que no se podía calzar porque tenía el pulgar del pie izquierdo destrozado.

La temporada comienza a torcerse. El Real Madrid es eliminado de la Copa por el Mallorca y en la Champions el verdugo de turno es la

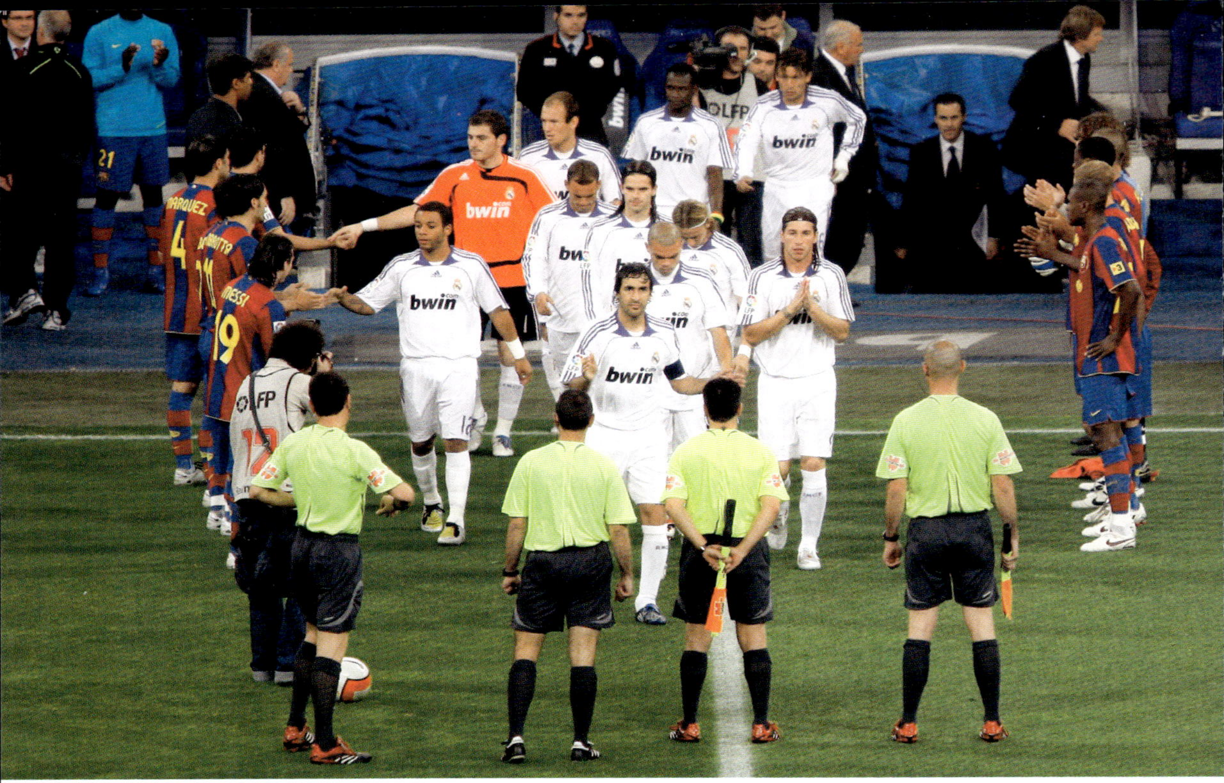

Roma, también en octavos de final. La mínima derrota del Olímpico parece que es superable en la vuelta, pero en el Bernabéu los romanos también ganaron (1-2). Sergio no jugó ese encuentro, pero su desilusión fue mayúscula.

La ventaja en la Liga también termina por complicarse. El equipo no mantiene la regularidad de la primera vuelta. Tres derrotas en cuatro partidos. Finalmente endereza el rumbo y se proclama campeón en el Reyno de Navarra a falta de cuatro jornadas para el final del Campeonato. Emocionante y épico ese encuentro con remontada, jugando con un hombre menos, en los cinco últimos minutos con tantos de Robben e Higuaín y cortes de manga de Schuster para celebrar el gol del holandés bajo una tremenda capa de agua.

Sergio no se olvidó en esos momentos de euforia y celebración de su amigo Antonio Puerta y lució una camiseta blanca de recuerdo. «Siempre con nosotros». En el viaje de vuelta a Madrid corrió el champán mientras en el avión, llamado La Saeta, se escuchaban cánticos de todo tipo.

A la jornada siguiente, penúltima del Campeonato, el Barcelona visita el Bernabéu y hace pasillo a los ya campeones, situación que no sucedía desde la temporada 87-88. El Madrid celebra el título ante sus aficionados con una goleada (4-1).

La gran fiesta se celebra en la última jornada. La guinda es la goleada al Levante (5-2), con dos tantos de Sergio de cabeza para completar una temporada con cinco goles. Con sus botas blancas relucientes se arranca a dar pases toreros imaginarios con las manos... porque la exclusividad del capote la tenía el capitán Raúl. Sergio es el tercer jugador del equipo con más minutos jugados. Es la trigésima primera Liga del club, que se convierte en el campeón con mayor puntuación, 85 puntos, desde que la victoria se premia con tres. El Villarreal quedó segundo con 77 y el Barça tercero con 67, a 18 de los de Schuster.

Sergio celebra la segunda Liga consecutiva como se merece, pero a lo largo de la temporada había pasado momentos malos sobre todo por sus problemas con las tarjetas. Acabar el curso con el récord de jugador más tarjeteado (17) no le parece justo y según transcurría el Campeonato en varias ocasiones hizo públicas sus quejas.

«Soy un jugador de fuerza, entro con fuerza, pero eso no quiere decir que no lo haga con nobleza. Hay árbitros que no entienden mi estilo de juego. Si renunciara a ese estilo no sería el jugador que el Real Madrid fichó. Cambiar, bajar mi nivel de juego sería en cierto modo un engaño para con mi club y conmigo mismo. Me han colgado una etiqueta que no merezco. Yo tengo parte de culpa porque a veces no sé dosificarme a la hora de meter la pierna, pero también los árbitros me tratan de forma especial poniéndome una etiqueta difícil de quitar. Voy con fuerza al balón porque soy un jugador impulsivo. Yo voy a intentar afinar en mis entradas y espero que los colegiados también afinen en sus decisiones y no malinterpreten a veces mi carácter y mi temperamento».

También esa temporada pasó malos momentos porque se sentía demasiado solo.

«Hubo un tiempo que en el equipo me sentí un poco aislado. Puede que fuera una percepción mía equivocada, tal vez no. Lo dije en la Prensa y se lo dije a mis compañeros. Yo jugaba hasta infiltrado y no encontraba apoyo alrededor. Lo hacía por mi cariño al Real Madrid y por mi dedicación. Del Calderón, por ejemplo, me fui con el dedo gordo del pie derecho como un puño de gordo y hubo quien lo supo tener en cuenta y valorar y otros que no».

En el mes de abril se reunió con el presidente Ramón Calderón para expresarle sus quejas e incomprensión. Consideraba que nadie del club le había mostrado su apoyo, ni había salido en su defensa, por ejemplo, en el asunto de las tarjetas, y que no se le valorara que hubiera jugado varios partidos infiltrados. Las molestias en el empeine y el psoas le obligaron a perderse varios partidos en el mes de marzo, entre ellos el decisivo de la Champions con la Roma (1-2).

A Sergio le molestó especialmente que nadie diera la cara por él tras la expulsión en Mallorca. Era la tercera de la temporada y como se demostró en televisión la segunda tarjeta que le mostró Daudén no había sido justa. Finalmente el Comité de Competición se la quitó.

«No espero nada por parte de nadie porque intento aprender yo solo, pero me he sentido desamparado. La vida es así en este mundo del fútbol. Hay que asimilarlo y seguir adelante con los que se pueda. Que quieren unirse muchos, bien; que no, también. Me sorprende que ningún compañero ni nadie del club salgan en mi defensa cuando se me critica por las tarjetas, pero es la realidad y hay que asimilarlo. Nadie es tonto y todo el mundo sabe lo que quiero decir. Me he sentido un poco solo, pero miro hacia adelante».

Incluso demostró su inconformismo con unas declaraciones en las que confesaba que el Real Madrid tenía que jugar mejor y ser más regular.

«Debemos dar más al madridismo. No hemos podido lograr plenamente la conjunción del buen juego con los resultados. Esta Liga nos hace mucha ilusión, pero puede que haya quien la pueda recordar también por los errores o los despistes de los demás equipos tanto como por nuestros aciertos y virtudes. Hay que ser conscientes de eso y lo somos».

2008-09 Su temporada **más difícil**

Con el título de la Eurocopa recién conquistado con la selección y los dos de Liga consecutivos, Sergio no contemplaba que su cuarta temporada pudiera resultar tan complicada, tanto a nivel de equipo como personalmente. Bernd Schuster se mantiene en el banquillo, se conserva el bloque principal de la plantilla, aunque llegan refuerzos como Van der Vaart y jóvenes como De la Red, Javi García o Parejo. En el mercado de invierno se incorporan Huntelaar y Lass.

Eso sí, con la marcha de Baptista y de Robinho, es el único superviviente de la etapa de Florentino Pérez. Cuando Ramón Calderón llegó a la presidencia once futbolistas eran heredados de la época de Florentino: Ronaldo, Beckham, Cicinho, Cassano, Woodgate, Diogo, Gravesen, Pablo García, Baptista, Robinho y el propio Sergio.

No puede comenzar mejor el curso. El Madrid gana la Supercopa al Valencia después de dos partidos intensos e igualados. Derrota en Mestalla (3-2) y triunfo en el Bernabéu (4-2). Sergio marca el segundo de su equipo, que acaba con nueve jugadores. El buen comienzo no se ve reflejado en las primeras jornadas de Liga donde el equipo no mantiene la regularidad esperada y alterna buenos partidos con actuaciones desilusionantes.

En el primer encuentro, contra el Deportivo en Riazor (el estadio en el que había debutado en Primera con el Sevilla), se convierte en centenario con el Madrid en partidos de Liga. Tiene 22 años y 154 días y es el quinto jugador más joven en la historia del club en llegar a esa cifra después de Raúl, Casillas, Sanchís y Camacho. Catorce goles redondean las cifras.

En octubre el panorama ya no es el mismo. Sergio no atraviesa su mejor momento anímico y fiel a su forma de ser lo proclama a los cuatro vientos. En una entrevista al diario AS confiesa que no es feliz. «Si soy sincero, ahora no disfruto jugando». Y en su desahogo su grado de sinceridad alcanza a las decisiones tácticas del entrenador. «Estoy solo en la banda derecha y me como todos los marrones. Antes tenía la ayuda de Beckham y de otros compañeros, ahora estoy yo solo para toda la banda». Si a eso añadimos que los problemas físicos vuelven a aparecer, con molestias en el pubis y sobrecarga de aductores, su rendimiento se resiente. Tanto como para decir que lo ideal sería parar. «No puedo seguir jugando con dolores y molestias».

El entrenador hace el resto. Molesto con las confesiones del futbolista, Schuster le manda a la suplencia y le reprocha que haya extendido sus opiniones sobre él y el equipo a los medios de comunicación. No juega ante el Athletic (26-X). Mantienen una reunión al día siguiente y recupera la titularidad en Almería (2-XI). Independientemente de su presencia, el Madrid defrauda y la figura del entrenador cada vez se siente más debilitada.

La eliminación en la Copa del Rey ante el Real Unión, en la que Sergio no disputa ninguno de los dos partidos, enciende la luz de alarma en el club. Schuster da volantazos en busca de una reacción y, con Cannavaro lesionado, reubica a Sergio en el centro de la zaga ante el Recreativo, el Bate, en Champions, Getafe y Sevilla. Estos dos últimos partidos concluyen con sendas derrotas, que le cuestan el puesto al técnico alemán después de 14 jornadas.

Ante el Getafe (29-XI) Sergio continúa superando etapas y redondeando cifras. Ahora llega a los 150 partidos con el Real Madrid contabilizando todas las competiciones. 109 de Liga, 25 de Champions, 12 de Copa y 4 de Supercopa.

El sustituto de Schuster es Juande Ramos. Sergio había trabajado ya a sus órdenes en el Sevilla y le conocía bien. La temporada en la que fue traspasado al Real Madrid había hecho la pretemporada con él y con su mano derecha, Marcos Álvarez, e incluso había jugado el primer partido de Liga contra el Racing.

El debut del nuevo técnico es frente al Barcelona en el Camp Nou. Con apenas cuatro entrenamientos Juande monta un planteamiento de perfil defensivo para evitar males mayores. Conocedor de la capacidad de Ramos, le coloca de lateral izquierdo para que esté atento a Messi. El Madrid mantiene el tipo durante ochenta minutos con un buen entramado defensivo pero al final, con dos tantos, de Eto'o y el propio Messi, los de Pep Guardiola se llevan los tres puntos y dejan al equipo blanco a doce de distancia antes de llegar a Navidad.

El jugador aprovecha las vacaciones para pasar otra vez por el quirófano y operarse de nuevo del tabique nasal. La intención es poder respirar mejor. Además recibe una buena noticia, la Federación Internacional de Futbolistas (FifPro) le elige como mejor lateral del año mediante una votación en la que emiten su opinión 45 000 profesionales.

Forma parte de un once de lujo: Casillas; Sergio Ramos, Ferdinand, Terry, Puyol; Xavi, Gerrard, Kaká; Messi, Torrres y Cristiano Ronaldo.

Con las mencionadas perspectivas por delante en la Liga, la Champions se convierte en el objetivo prioritario. La fase de grupos se había superado con más problemas de los esperados. Se habían perdido los dos partidos contra la Juventus pero ganado los dos enfrentamientos con el Bate y con el Zenit. En octavos el rival es el Liverpool y por cuarta temporada consecutiva Sergio contempla cómo su equipo es incapaz de superar esa ronda maldita. Además los de Rafa Benítez se imponen en el Bernabéu (0-1) y de forma rotunda en Anfield (4-0).

Fuera también de la Copa, la Liga vuelve a convertirse en el único aunque lejano objetivo. El trabajo de Juande va dando sus frutos y el Madrid encadena victoria tras victoria. Sergio, que había tenido sus diferencias con Schuster, no se calla. «Estamos contentos con el cambio de entrenador. Al menos los entrenamientos se alargan más. Este entrenador nos está exigiendo mucho más tácticamente y concede gran importancia a mantener la puerta a cero».

Después de la derrota del Camp Nou, el Real Madrid encadena diez triunfos consecutivos, un empate ante el Atlético y otras siete victorias, la última en Sevilla, que le colocan a cuatro puntos del Barça antes de recibirlo en el Bernabéu. La esperanza se ha adueñado del madridismo ante tan brillante reacción. Después quedan cuatro jornadas y el equipo parece convencido de poder ganar a los azulgranas.

Un gol de Higuaín nada más comenzar alimenta aún más las posibilidades, pero el Barça empata pronto y en tres zarpazos resuelve prácticamente antes del descanso. Un tanto de Sergio acorta distancia en la reanudación, pero Henry, Messi y Piqué terminan por redondear una de las goleadas más crueles de la historia del club (2-6). Juande, a la desesperada, quitó a los dos laterales para dar entrada a los dos delanteros en los últimos minutos, pero sin Ramos y Marcelo los azulgranas aún tuvieron más limpio el camino hacia la puerta de Casillas.

Derrota que sentencia la Liga y el equipo termina perdiendo los cuatro partidos siguientes ante Valencia (3-0), Villarreal (3-2), Mallorca (1-3) y Osasuna (2-1) y acaba a nueve puntos del Barcelona. El Madrid recibe en esos últimos cinco encuentros 17 goles para un total de 52 en el Campeonato, más goles en contra, por ejemplo, que Osasuna, que se salva del descenso en la última jornada al ganar precisamente a los blancos.

Un pequeño incidente viene a complicar también a nivel individual el último tramo de la temporada. El 12 de abril, suspendido, Sergio no puede jugar contra el Valladolid y después de presenciar el primer tiempo de su equipo en el Bernabéu se va unos minutos antes del final del partido para poder llegar a tiempo a Las Ventas, donde su íntimo amigo Talavante tenía un importante desafío.

Sergio no se oculta en la Plaza y es fotografiado en una barrera. Pensaba que como había estado en vestuarios antes del partido con sus compañeros, como es obligatorio para los jugadores que no están convocados, y el partido iba encarrilado con un gol de Raúl, no estaba cometiendo ninguna falta grave. Pero se montó un gran revuelo ante la situación creada y al día siguiente tomó la iniciativa de pedir perdón públicamente por su comportamiento.

Se reunió con el director deportivo, Mijatovic, y también pidió disculpas al club y a sus compañeros. «Pido perdón a todos, quería estar al lado de un amigo en un momento delicado de su carrera porque así me lo había pedido él y no quería, por supuesto, molestar a nadie. En cuatro años que llevo aquí nadie puede dudar de mi lealtad al club. Está claro que un jugador del Real Madrid tiene que aprender a vivir con su imagen pública, pero hay veces que somos más torpes de la cuenta. Debemos en todo momento aprender qué es lo que conlleva jugar en un club tan grande como éste. Cada uno es esclavo de sus actos y soy el único responsable de lo que hice. Eso sí, quiero aclarar que me fui unos minutos antes del final y no en el descanso como se ha dicho».

Ese no fue su único examen de conciencia de la temporada. Sergio reconoció que su rendimiento todo el año no había estado a la altura de los años anteriores. «No es fácil de explicar, pero después de ganar la Eurocopa me relajé un poco. No sabes cómo te pasa, pero te va pasando. Los problemas físicos también influyeron, la forma de jugar del equipo, uno mismo quiere pero siente un poco de cansancio tanto físico como mental. Fue un año duro. El cambio de entrenador, la derrota de Anfield, la derrota ante el Barça en el Bernabéu después de la remontada que habíamos hecho...».

2009-10 Vuelve Florentino Pérez

Sergio no puede disimular que siente especial devoción por Florentino Pérez. Devoción recíproca porque el presidente también la demuestra cada vez que se encuentran y le saluda con un efusivo: «Cómo estás, Tarzan», acompañado de un buen abrazo o una palmada en la espalda. Sergio siempre tiene presente que fue él quien le trajo al Real Madrid y valora muy positivamente el esfuerzo económico y personal que hizo durante las negociaciones de agosto del 2005.

Tiene incluso en su memoria una anécdota que ocurrió cuando todavía no era jugador del Real Madrid y tenía la ilusión de comprarse un Audi 3. Eran las fechas en las que el club blanco ya estaba preparando la estrategia para ficharle y como tenía contrato con esa marca automovilística, por medio de una tercera persona, desde la presidencia se le ayudó a que le hicieran el descuento que tenían los jugadores del club. Al fin y al cabo, en breve lo iba a ser. Ese detalle fue altamente valorado por el jugador.

Con Florentino Pérez llega al banquillo Manuel Pellegrini, avalado por las buenas temporadas realizadas en el Villarreal. La plantilla sufre una profunda renovación. El presidente se mantiene firme en su ideario y para devolver al Real Madrid a un primer plano competitivo invierte de entrada lo que tenía pensado hacer en dos o tres años. Llegan Cristiano Ronaldo, Kaká, Benzema, Xabi Alonso, Albiol, Arbeloa, Garay y Granero.

Vuelve a ser un Madrid galáctico. Las presentaciones en el Bernabéu de las nuevas estrellas se convierten en acontecimientos multitudinarios y a Sergio le motiva compartir vestuario con esos jugadores como antes había hecho con Ronaldo, Zidane, Beckham, Raúl, Roberto Carlos... Además es año de Mundial y la selección ocupa un lugar preponderante en sus objetivos.

Una incómoda lesión en el tendón de Aquiles, que arrastra desde finales de la temporada anterior, le mantiene parado durante toda la pretemporada. No está acostumbrado a esta situación y la recuperación se le hace pesada y larga. No reaparece hasta la tercera jornada, contra el Xerez.

La Liga, que se consideró la más disputada de la historia como sus estadísticas confirman, vuelve a ser la competición en la que el equipo consigue mantener el pulso hasta el final, hasta el punto de pelear por el título hasta la última jornada.

La Champions y la Copa vuelven a convertirse en dos pesadillas. La décima tiene que seguir esperando porque el Olympique de Lyon vuelve a dejar en la cuneta al equipo en octavos de final. La esperanzadora derrota de Gerland (1-0) no es superada en el Bernabéu (1-1).

Peor fue en la Copa donde el Alcorcón, un equipo de Segunda B, le eliminó tras un concluyente 4-0 en el partido de ida. Ni siquiera el Madrid fue capaz de ganar la vuelta (1-1). Sergio no disputó ninguno de los dos partidos. El de vuelta no se sabe bien si por decisión técnica de Pellegrini o por un error del propio técnico, que pensaba que estaba sancionado. Lo que es indudable es que hubo un malentendido. Valdano aseguró que él había avisado al entrenador de que podía ser alineado y éste mantuvo que no lo habían hecho.

El mano a mano en el Campeonato entre los de Pellegrini y los de Guardiola no puede estar más igualado. En la primera vuelta el Barça gana el partido del Camp Nou con un solitario gol de Ibrahimovic y llegan al encuentro de la segunda vuelta, jornada 31, empatados a puntos, con el Madrid primero por el goal average general. El gran golpe la dan los azulgranas en el Bernabéu donde ganan (0-2) y salen con tres puntos de ventaja, que en realidad son cuatro por el goal average particular. El pulso se mantiene las siguientes jornadas.

beats
bwin

El Real Madrid gana los seis partidos siguientes, mientras el Barcelona gana cinco y empata con el Espanyol. A la última jornada se llega con dos puntos de ventaja para los barcelonistas que no dejan escapar el título en su estadio con el respaldo de su afición. Golean al Valladolid (4-0) y los blancos se dejan ir en La Rosaleda al comprobar que no pueden ser campeones y sólo empatan ante el Málaga (1-1).

Impresionantes números de los dos equipos. El Barça llega a los 99 puntos, el Madrid a los 96, con 102 goles a favor, máximo realizador del Campeonato y cuarto equipo en la historia de la Liga que supera la centena. En la segunda vuelta suma 52 puntos con nueve victorias consecutivas fuera de casa, como el Barça 2008-09.

Sergio comenzó la temporada jugando de lateral derecho, pero tras la grave lesión de Pepe en Valencia, en diciembre, Pellegrini le utilizó mucho de central, bien con Albiol o Garay, y Arbeloa en el lateral derecho. Aun así hubo partidos en que se mantuvo en la banda, como el decisivo contra el Barcelona.

A nivel individual va superando sus propias marcas. El 21 de febrero contra el Villarreal disputa su partido de Liga 150 con la camiseta del Real Madrid. Tiene 23 años. Santillana lo había conseguido con 24. Se convierte en el primer jugador no canterano en llegar a esa cifra, que a la vez significa que cumple 200 partidos oficiales con la camiseta del Real Madrid. Los 150 de Liga más 34 de Champions, 12 de Copa y 4 de Supercopa. En total había marcado 26 goles.

Tres meses después, el 2 de mayo, ante Osasuna, suma los 200 partidos oficiales en Liga. 161 con el Real Madrid y 39 con el Sevilla. 195 de ellos los cumplió como titular y 174 fueron completos. Tiene 24 años y 33 días y se convierte en el quinto jugador más joven en llegar a esa cifra en la historia de la Liga después de Raúl, Eloy, Etxeberria y Santi.

2010-11 Llega **Mourinho** y la **Copa** del **Rey**

Volver de vacaciones como campeón del mundo no hace sino alimentar el hambre de Sergio, que afronta su sexta temporada con la máxima motivación. Le espera el séptimo entrenador desde que llegara al Madrid. Tras el año en blanco, Florentino Pérez recurre a un valor seguro: José Mourinho, que viene de ganar la Champions con el Inter y que antes ya la había ganado con el Oporto. De su mano llegan Carvalho, Özil, Khedira y Di María, más Pedro León y Canales, que ya estaban contratados por el club. En el mercado de invierno el refuerzo se llama Adebayor.

Durante todo el verano se especula con la posibilidad de que el club fiche a Maicon para el lateral derecho. El nuevo técnico le conoce bien y le considera imprescindible para la banda. Para Sergio tiene planes de central, al lado de Pepe y en competencia con Carvalho. Al final Maicon no llega y Sergio se mantiene en la banda derecha.

El Real Madrid comienza con paso firme y llega a su primer gran examen de la temporada, el partido del Camp Nou contra el Barcelona en la jornada décimo tercera, con un punto de ventaja. Su abultada derrota (5-0) será el principio del fin. Ya no fueron

capaces los de Mourinho de mantener el ritmo de los de Guardiola, que encadenaban victoria tras victoria.

Sergio es expulsado al final del partido por una fuerte entrada a Messi y después, en medio de una pelea multitudinaria entre una docena de jugadores de los dos equipos, empuja con un manotazo a Puyol, que cae aparatosamente al suelo. «Llamé a Xavi y Puyol para disculparme». De hecho ya lo hizo ante la Prensa en la zona mixta tras el partido. Ese resultado fue una de sus mayores frustraciones profesionales junto con el 2-6 de dos años antes en el Bernabéu.

«No estoy orgulloso de mis acciones, pero al ser yo todo se exagera. Me equivoqué, pero no fui a lesionar a Messi. Estaba caliente por perder y de esa forma. No me gustó tampoco el gesto de Piqué con la manita. Hubo más tanganas durante el partido y sólo se habla de la mía».

Tres días ante también le habían expulsado en un partido de la Champions contra el Ajax, pero en esa ocasión forzó la segunda amarilla siguiendo las órdenes del entrenador para perderse el siguiente partido porque su equipo ya estaba clasificado. La UEFA entró en esa acción y otras del Real Madrid en ese mismo encuentro por considerar que habían provocado voluntariamente las tarjetas y terminó sancionando al club. En el caso de Sergio le cayeron 20 000 euros de multa, además del partido de castigo.

En enero el equipo blanco pierde cinco puntos preciosos en Almería (1-1) y Pamplona ante Osasuna (1-0) y en la jornada 30 una derrota en casa ante el Sporting le coloca a ocho puntos del Barça. Con esa renta llegan los azulgranas a Madrid, donde empatan (1-1) pensando más en la final de Copa del Rey de cuatro días después. Con siete jornadas por delante, la Liga se pone imposible para los blancos, que a pesar de todo acortan diferencias para acabar a tan solo cuatro puntos y repetir su marca de 102 goles.

La temporada está salpicada de anécdotas con Sergio de protagonista. Por ejemplo, en el partido anterior a la visita a Barcelona, el 21-X, contra el Athletic (5-1). Con el 2-1 le pide a Cristiano tirar un penalti. El portugués no está por la labor, pero él coge el balón y lo lanza. Marca. A Mourinho no le gusta demasiado que se saltara el orden de los lanzadores, pero como la siguiente cita era en el Camp Nou no tomó medidas inmediatas. El jugador se justifica públicamente. «Se me resistía el gol y quería sacarme esa espina, por eso pedí tirarlo y lo tiré».

Como el futbolista fue expulsado en Barcelona, no podía jugar por sanción contra el

Valencia, el inmediato rival; y el técnico le guardó el castigo para la jornada siguiente, en Zaragoza. Sergio se lesiona y no está disponible, pero Mourinho confiesa que aunque hubiera estado bien no iba a ser titular en La Romareda. La polémica trasciende y técnico y jugador mantienen una reunión para zanjarla y reaparece contra el Sevilla.

El día 17 de diciembre surge la noticia de su renovación. Tenía contrato hasta 2013 y renueva hasta 2017 con una mejora en su ficha.

El tramo final de la temporada, con la Liga más que complicada, el Real Madrid se vuelca en las otras dos competiciones. Precisamente las que se le habían resistido de forma reiterada en los años anteriores. Desde el principio, José Mourinho había señalado la Copa del Rey como una de las preferencias por los muchos años que llevaba el Madrid sin conquistarla. Esa predisposición queda patente en el transcurrir de las eliminatorias.

Van cayendo sucesivamente el Murcia, el Levante, el Atlético de Madrid, el Sevilla.... Y en la final espera nada menos que el Barcelona. El madridismo se vuelca con el equipo y Valencia se viste de fiesta para recibir a los dos mejores equipos, sin duda, del momento. Mourinho ha preparado el partido a conciencia y juega sus cartas. Coloca a Arbeloa de lateral derecho, a Sergio de central al lado de Carvalho y adelanta a Pepe al centro del campo pero no como mediocentro, sino como volante, al lado de Khedira, para presionar lo más arriba posible al Barcelona.

La final es un monumento al fútbol. El Madrid manda en la primera parte, el Barça en la segunda y el partido se decide en la prórroga con un cabezazo de Cristiano Ronaldo a centro desde la izquierda de Di María.

Sergio y sus compañeros ya tienen el trofeo que se le negaba al club desde hacía 18 años. Casi quince millones de espectadores vieron la prórroga por televisión.

Durante la celebración, sobre el mismo césped de Mestalla, Sergio a duras penas dejaba la Copa a sus compañeros. No se quería separar de ella. Son muchas las fotos en las que aparece pegadito al trofeo. Y cuando se lo dejó, fue para coger un capote, anudarse la bandera de España a la cintura, marcharse hacia una de las áreas, la más cercana al fondo donde estaban los aficionados de su equipo, y marcarse cuatro verónicas con sus compañeros coreándole desde la barrera.

Fue de los últimos en retirarse del césped camino del vestuario. Subió las escalerillas tocado con un sombrero cordobés y arrastrando el capote y fue recibido en la caseta entre gritos de «¡olé, olé!» y «¡torero, torero!». Era el momento de echarse un baile y tocar las palmas y allí se arrancó el de Camas recién salido de la ducha, con Adebayor como compañero de baile.

La fiesta no había hecho sino comenzar. La expedición blanca llegó a Madrid y en un autobús descubierto, desde el aeropuerto, tomó la dirección de Cibeles, donde miles de aficionados les esperaban a pesar de la lluvia y de que la noche había dado paso a la madrugada. Y entonces fue cuando, muy cerquita ya de la Diosa, a Sergio, que no perdía nunca la Copa de vista y prefería tenerla entre sus manos el mayor tiempo posible, se le escurrió el trofeo. Por culpa de la lluvia él se fue para atrás y la Copa se volteó hacia delante siendo arrollada por el autobús.

La celebración continuó en la plaza y posteriormente en una discoteca hasta al amanecer, pero Sergio se quedó sin su compañera de viaje. Fue la gran anécdota de una noche inolvidable porque era su primera final disputada y ganada.

Quedaba la Champions. El Madrid superó por fin los malditos octavos de final. Quedó líder de su grupo de clasificación, en el que estaban el Milán, el Ajax y el Auxerre, con cinco victorias y un empate. Eliminó, por fin, al Lyon en octavos y al Tottenham en cuartos, para quedar emparejado con el Barça en semifinales. Siete días después de la final de Copa la cita es en el Bernabéu. Otra vez mucha igualdad, Mourinho repite planteamiento con Sergio de central y Pepe en el centro del campo. Precisamente Pepe se convertiría en el protagonista del partido al ser expulsado a la hora de juego por una entrada a Alves que se podía haber quedado perfectamente en tarjeta amarilla. El partido transcurría sin goles y el Barcelona, exactamente Messi, aprovechó la superioridad numérica para marcar dos goles que alejaban al Real Madrid de la final de Wembley, aunque quedara el partido de vuelta.

El Madrid lo intentó en el Camp Nou, pero el Barça hizo buena su renta. Tuvieron su oportunidad los de Mourinho con el 1-1, resultado final, con un tanto anulado a Higuaín, pero no fue posible. Sergio no jugó ese encuentro al haber visto una tarjeta amarilla en el de ida. Él y su equipo se quedaron en puertas de la final de la décima.

2011-12 La Liga del **110 aniversario**

Nuevo curso. Llegan como refuerzos Coentrao, Sahin, Altintop y Callejón. Está presente el augurio de Mourinho de que sus equipos siempre rinden más y son más competitivos en su segundo año. El Real Madrid afronta otra vez el reto de las cuatro competiciones. La primera, la Supercopa, llega de forma inmediata. Un nuevo enfrentamiento directo contra el Barcelona. La ida, en el Bernabéu. Empate (2-2). El marcador no responde a lo acontecido sobre el terreno de juego. El Madrid fue mejor pero el Barça supo aprovechar sus oportunidades. Más o menos lo mismo ocurrió en la vuelta en el Camp Nou (3-2), donde decidió un gol de Messi a dos minutos del final.

A pesar de quedarse sin título, la Supercopa deja patente en el vestuario blanco que el Barcelona no era invencible y que el Real Madrid ya le trataba de tú a tú. Comienza la Liga con una semana de retraso por culpa de una huelga convocada por la AFE y el arranque en Zaragoza no puede ser más concluyente: 0-6 y un fútbol de alto nivel. Ratificación al partido siguiente en el Bernabéu, 4-2 al Getafe. El buen arranque no hacía presagiar que en la tercera jornada el equipo pudiera perder en el campo del Levante (1-0) y empatar a la siguiente en Santander (0-0). Se enciende la alarma y en el propio vestuario, entre el técnico y los jugadores, se sientan las bases de lo que no debe volver a pasar.

Llega la sexta jornada en Cornellá y Mourinho, ante la lesión de Carvalho, decide colocar a Sergio de central izquierdo al lado de Albiol. Lo que parecía una emergencia se convirtió en una costumbre y a partir de ese encuentro contra el Espanyol esa nueva posición pasa a ser definitiva y su rendimiento, más que satisfactorio. En ese encuentro suma su partido número 200 con el Real Madrid en Liga.

Pepe se convierte en su compañero habitual en el centro de la zaga formando un tándem extraordinario, sin duda clave en la marcha del equipo. Diez victorias consecutivas conforman el preámbulo de la visita del Barcelona al Bernabéu. Reina el optimismo, pero los de Guardiola vuelven a demostrar que el estadio blanco es una fuente de inspiración para su juego (1-3).

La reacción del equipo es brillante, goleada en el Pizjuán (2-6) y otras diez victorias consecutivas más, le permiten acumular, en la jornada 23, hasta diez puntos de ventaja sobre un Barcelona muy irregular. Una diferencia considerable que se recortó después de tres empates, ante el Málaga en casa, Villarreal fuera (su partido oficial 300 con la camiseta del Real Madrid) y Valencia otra vez en casa. De diez a cuatro puntos de renta y visita al Calderón antes de viajar al Camp Nou.

En esa situación de máxima dificultad y presión los hombres de Mourinho responden

y ganan en los dos campos sentenciando una Liga histórica desde todos los puntos de vista. El alirón se canta en San Mamés a tres jornadas del final (0-3). Es la tercera Liga de Sergio, que juega 34 partidos, todos como titular, y marca tres goles (Valencia, Granada y Getafe) y la trigésima segunda Liga para la historia del Real Madrid. El Barcelona queda a nueve puntos y el tercero, el Valencia, a 39.

El Madrid es el campeón perfecto. Con cien puntos, cincuenta en el Bernabéu y cincuenta fuera, algo nunca logrado en las ochenta ediciones anteriores de la Liga. Tampoco nadie había llegado a los 121 goles y a las 32 victorias, con cuatro empates y sólo dos derrotas.

A pesar de volcarse en la Liga, que era el gran objetivo de la temporada, el Madrid luchó por las otras dos competiciones que alternaba. En la Copa defendió el título hasta cuartos de final, donde se cruzó con el Barcelona y otra vez el triunfo cayó del lado azulgrana por su facilidad para ganar en el Bernabéu (1-2). Pudo haber remontada en el Camp Nou en los últimos minutos. Los de Mourinho igualaron un 2-0 adverso de la primera parte y tuvieron sus opciones hasta el final. Esa eliminatoria se jugó en el mes de enero.

Por delante quedaba la Champions. Paseo con autoridad por la primera fase, en la que gana todos los partidos. Ni el CSKA de Moscú ni el Hapoel son rivales en octavos y cuartos y el Real Madrid llega a semifinales por segundo año consecutivo. Esta vez el rival es el Bayern. Todo pinta bien. Ida en el Allianz Arena con derrota mínima (2-1) con un tanto de Mario Gómez a dos minutos del final. Sergio sale muy enfadado de ese partido. Está convencido de que podían haber hecho más, haber sacado mejor resultado. Aún así, la vuelta, con un Bernabéu vestido de gran noche, no puede comenzar mejor. Dos goles de Cristiano abren la puerta de la final, que se iba a disputar, precisamente, en la casa del Bayern. Un gol de Ribery iguala la eliminatoria y ni en la segunda parte ni en la prórroga se mueve el marcador.

Penaltis. El equipo forma en el centro del campo. Sergio es el cuarto lanzador. Por delante van Cristiano, Kaká y Xabi, tres seguros de vida, tres especialistas consumados. Con su cinta blanca en el pelo espera el primer lanzamiento con los brazos cruzados. Concentrado. Lanza Alaba. Gol. Engaña a Casillas. Cristiano sale de la formación. Sergio le anima. «¡Vamos Cris, vamos Cris!».

Cristiano lanza a la derecha de Neuer, que le adivina la intención. Sergio grita. «¡Vamos, vamos, vamos!». Se come los puños literalmente. Gómez tira el segundo. También engaña a Iker. Kaká da cuatro pasos al frente. Gritos de ánimo de sus compañeros. Sergio se queda mudo. Mira al cielo. El brasileño lo intenta por el mismo lado que Cristiano y el portero alemán también adivina la intención. Desastre (2-0).

La esperanza del Bernabéu es que Iker no ha aparecido todavía y Casillas nunca falla en estos momentos de máxima trascendencia. Lanzamiento de Kroos y parada de Iker. Xabi Alonso sabe que es todo o nada y asegura por el centro, mientras Neuer vuela a la izquierda. Lahm es el siguiente alemán. Iker saca otra mano salvadora. Si Sergio marca se empata la tanda y queda todo abierto para el quinto lanzamiento.

«Yo iba tranquilo, sabía cómo lo iba a tirar. Quería darle potencia más que colocación. Si va fuerte y un poco colocado es complicado que los porteros reaccionen».

Coloca el balón en el punto de penalti. Neuer intenta ponerle nervioso y le dice al colegiado que el esférico no está bien situado. Sergio retrasa unos milímetros la posición. Se va justo hasta el borde del área. Buena carrerilla. Da dos zancadas, se detiene un momento y avanza tres más. Golpea mal al balón. Se va arriba. Sergio maldice. Mira hacia el punto de penalti. No se lo puede creer. La mente en blanco.

Su regreso hacia donde están sus compañeros se le hace eterno. Ni mira quién va a tirar el quinto lanzamiento por parte germana. Schweinsteiger no falla. El Bayern a la final. El Bernabéu enmudece y sólo se escucha a los tres millares de bávaros. Los compañeros se dirigen hacia Sergio. Palmadas de consuelo. Abrazo. Palabras de ánimo. Se quiere morir. No quiere marcharse al vestuario. Desde el centro del campo levanta los brazos en un tímido abrazo de agradecimiento a la afición. Él realmente tiene ganas de pedir perdón. No se lo puede creer.

Lo pasa mal los siguientes días. Su error es motivo de chistes malintencionados y no puede mantenerse al margen de la situación. Afortunadamente para él y sus compañeros, la competición no para. Llega el Sevilla al Bernabéu (3-0) y después el alirón en Bilbao. Sergio lo celebra como suele celebrar él todos los títulos, pero en su retina la jugada del penalti contra el Bayern no termina de desaparecer y quiere una revancha. Quiere otro penalti, cuanto más decisivo mejor, para reivindicarse. Para cerrar heridas y bocas. Quién le iba a decir a él entonces que la oportunidad le llegaría un par de meses después en la Eurocopa, contra Portugal.

La temporada en vigor, sin renunciar a los otros títulos, tiene para Sergio un reto especial: la Champions. La única competición que se le resiste después de siete intentos. De momento, el curso 2012-13 no pudo comenzar mejor para el Real Madrid con la conquista de la Supercopa ante el Barcelona. Sexto título nacional desde su llegada al club y que visto el duelo, mano a mano, directo entre los dos equipos en los últimos años tiene un sabor especial.

Sergio ya es el segundo capitán de la plantilla al lado de Casillas y un líder natural del vestuario. Fiel a su forma de ser, de no ocultar nunca sus ideas y defenderlas al límite. Sus compañeros reconocen todas estas cualidades tanto dentro como fuera del terreno de juego. Siempre al servicio del equipo, vuelve en el primer tramo de la temporada a ocupar la posición de lateral y a jugar varios partidos con molestias. Nada nuevo. Una constante en sus ocho años como jugador del Real Madrid.

BENZEMA
9

bwin
bwin

DI MARIA
22

SERGIO RAMOS
4

4
bwin
ESSIEN
15
7

adidas
bwin
LFP

SEVILLA

DE CAMAS

A NERVIÓN

«EN ANDALUCÍA, CUANDO SE CUELA A UN CHAVAL EN UN EQUIPO QUE NO LE CORRESPONDE POR SU EDAD, SE DICE QUE ES UN «GATO». PUES ÉL, SERGIO, SE CUELA DE GATO EN EL CAMAS Y TRES AÑOS MÁS TARDE SE CUELA DE GATO EN EL SEVILLA…».

De **Camas** a **Nervión**

El niño, «Schuster», como era conocido por todos en el barrio por su melena rubia y su corte de pelo como el del jugador alemán, tenía prisa. En Andalucía cuando se cuela a un chaval en un equipo que no le corresponde por su edad se dice que es un «gato». Pues él, Sergio, se cuela de gato en el Camas y tres años más tarde se cuela de gato en el Sevilla. Su primera ficha oficial que tiene la Federación Andaluza data del 7 de abril de 1994, con ocho años recién cumplidos.

Tres temporadas en el benjamín del Camas le valen para que los cazatalentos que visitan todos los campos los fines de semana se fijen en él. Lógicamente en Sevilla la red de ojeadores, amigos de ojeadores y primos de amigos de ojeadores es controlada por los dos clubes grandes de la capital. En su caso es el Sevilla el primero que se fija y pregunta un par de veces a los entrenadores del Camas, pero éstos no se daban por aludidos. Preferían que siguiera jugando con ellos antes de que abandonara tan pronto su órbita.

«Schuster» entonces era delantero, aunque la verdad es que corría por todo el campo y cada vez sobresalía más entre los niños de su edad y los que no eran de su edad, hasta dos y tres años mayores.

«Acababa de hacer los ocho años cuando me hicieron la primera ficha con el Camas. Ese año fuimos campeones de nuestra Liga y no olvidaré nunca mi primer gol y de qué forma nos tiramos todos al barro a celebrarlo».

Una mañana soleada de la primavera del 96 un amigo de la familia, en el campo del Camas, se acercó a José María, el padre de la criatura, y a René, el hermano mayor, que también jugaba en el equipo del pueblo pero en categorías superiores, para decirles que el Sevilla le quería y de forma inmediata.

Pablo Blanco, una institución en el club de Nervión y su secretario técnico, recuerda con bastante precisión para los años que han pasado cómo sucedió todo.

Pablo Blanco, un hombre clave en la carrera de Sergio

EL CORREO
RAFARCA

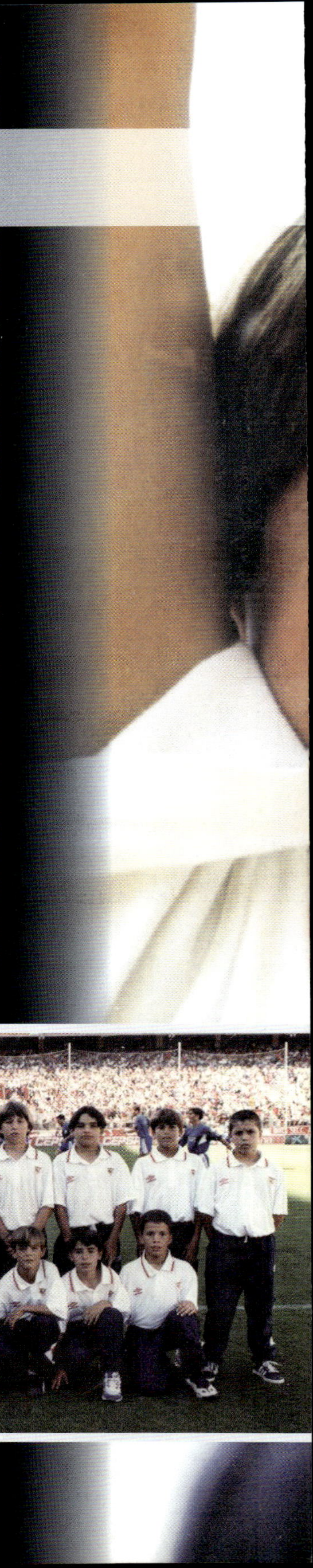

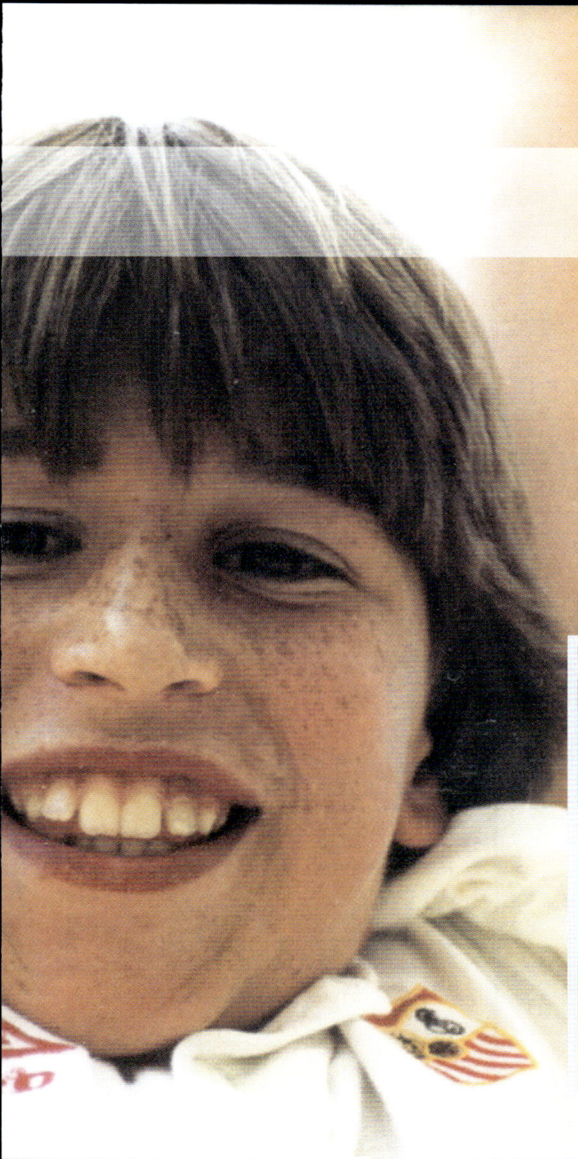

UMBRO

Font Lys

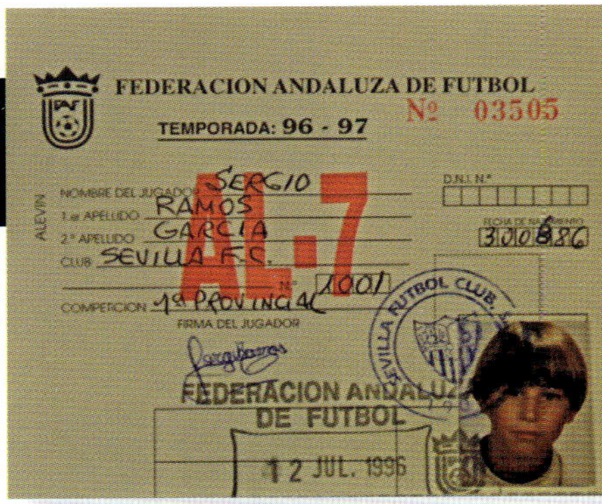

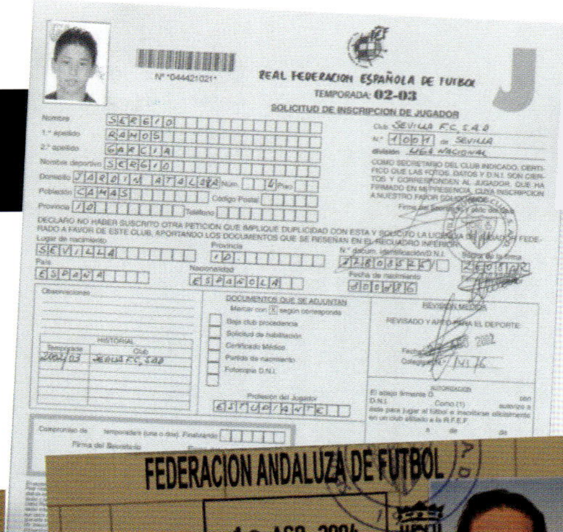

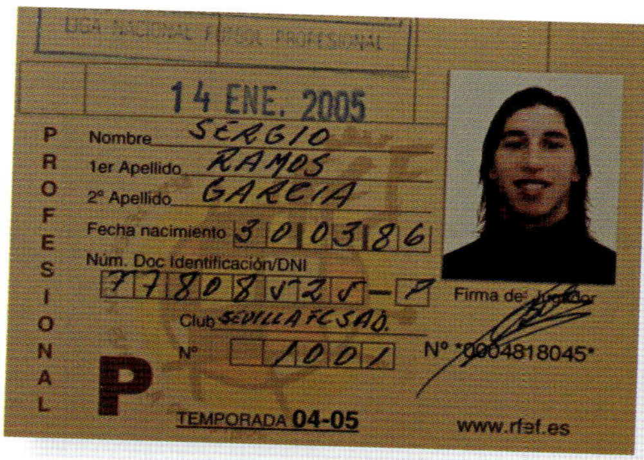

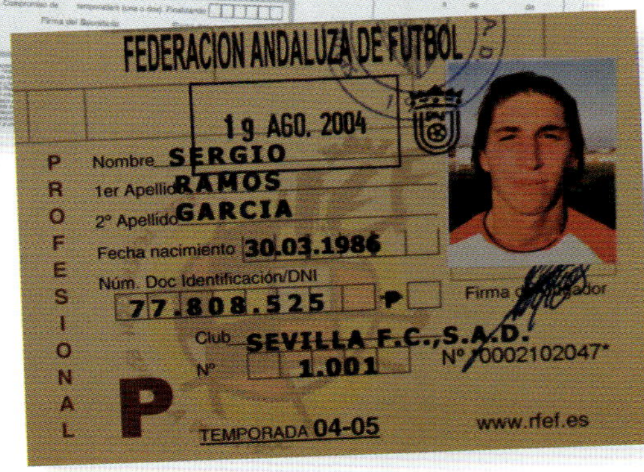

«Ya nos habían hablado de él. En su último año en el Camas juega contra nosotros y lo vimos. Hablamos del chaval y le pone en la pista de que es un benjamín que juega en el alevín. Estamos alerta y le seguimos. La noticia llega a la familia. José María era y es una persona muy conocida en Sevilla por su trabajo de corredor de fincas y viene a vernos por medio de un amigo común. Decidimos que venga a prueba. «Trátale con cariño», me dijo el amigo. Y con cariño lo traté porque se lo ganó él solito. A mí esas pruebas a chicos tan pequeños nunca me gustaron, pero claro, hay que hacerlas para ver realmente la capacidad del niño. Si fuera por los padres o los que nos los recomiendan todos son muy buenos. Vimos que nos podía venir bien y le fichamos para el alevín de fútbol 7. Era la temporada 96-97. Sergio tenía diez años. Yo también conocía a René porque era futbolista y siempre es bueno que en el entorno familiar se viva el ambiente de fútbol».

Dos temporadas en el fútbol 7. En el 3-2-1 del equipo juega en la banda derecha. Posición que también ocupa en el fútbol once cuando ya sube al infantil. Dos años. Y salto al cadete.

Agustín López, 38 años, actual entrenador del juvenil A del Sevilla, llegó a la disciplina del club de Nervión el mismo año que Sergio aterrizaba en los alevines. Desde su car-

Agustín López, técnico de las categorías inferiores del Sevilla

go de preparador físico y entrenador que iba alternando en distintos equipos y categorías fue siguiendo su evolución temporada tras temporada, unas veces estando directamente en su equipo y otras desde otros, pero siempre juntos en la Ciudad Deportiva.

«Entonces era el más bajito, pero saltaba más que nadie; y el más regordito, pero también era el que más cojones tenía. Se llevaba todas las disputas. Ya era muy competitivo. Esa primera temporada el alevín fue campeón de Andalucía. Era una generación buena. Estaban, además de Sergio, que jugaba de central y de lateral, Antonio Vera, Rubén Jurado, Dani Barral, Juan Barea…. Sergio era el capitán y el brazalete era más grande que el brazo».

«La temporada siguiente le dije a su entrenador, que Sergio iba a ser profesional sí o sí. Son cosas que se ven, no es apuntarse ningún tanto. Con la competitividad que tenía ese chaval tenía que terminar comiendo del fútbol».

En el cadete A, su segundo año en la categoría, es cuando Pablo Blanco, que sigue su evolución con especial atención, se da cuenta de que Sergio tiene «un gran poderío físico para su edad, mucho carácter, una personalidad acusada y dotes de mando. El año anterior, en cadete de primer año, sufrió unos problemas en el piramidal que le tuvieron un tiempo sin jugar».

José María padre va al club para hablar de la situación de su hijo porque ese año los juga-

dores quedan libres si no renuevan la licencia y si lo hacen firman ya tres años de juvenil más dos de senior.

Pablo Blanco vuelve a tirar de memoria. «Me acuerdo de la reunión. Fue en la Ciudad Deportiva. Las molestias físicas que tenía Sergio eran las lógicas provocadas por el crecimiento y le digo a José María que no se preocupe, que no tengo dudas sobre su evolución como futbolista y que además su comportamiento siempre había sido bueno. Era un chico noble, callado, disciplinado, poco contestatario y eso que a esa edad lo normal es protestar por todo».

José María preguntó a Sergio qué pensaba sobre la situación y él no dudo un momento.

–Papa, yo no me voy a ningún lado, me quedo aquí, en el Sevilla…

Firma la nueva licencia y la siguiente temporada, la 2001-2002, es la de su explosión definitiva.

Pablo no se había equivocado. «Cuando los chavales llegan al cadete es cuando opinamos y decidimos sobre su futuro. Es la edad clave. Suelen ser los equipos plataforma. Sergio superó todos los problemas físicos de crecimiento y dio el estirón. Sale como un cañón ese segundo año de cadete. Hay partidos en los que también juega de central porque ha cogido cuerpo y con su velocidad era muy complicado superarle ahí, en el medio. Recuerdo que

ESTADIO
Martes
22 de enero
de 2002

ENTREVISTA

Sergio Ramos García

"Estoy mentalizado para jugar en cualquier puesto y en todos me entrego a tope"

Sergio Ramos García nació en Sevilla el 30 de marzo de 1986. Este joven futbolista y estudiante de 3º de ESO en el Instituto de Enseñanza Media Néstor Almendros (Tomares) despunta en el Sevilla F.C. de Andaluza Cadete que dirige Fermín Galeote.

"Estoy muy contento por la llamada de Santisteban"

"Siempre he soñado con ser futbolista"

"Fermín es uno de los buenos entrenadores que he tenido la suerte de conocer"

Sergio Ramos García
Jugador del Sevilla de Andal. Cadete

- ¿Qué le ha supuesto ser convocado por Santisteban para la selección nacional?

- ¿Qué se le da mejor, los estudios o el fútbol?

- ¿En qué posición del campo le gusta jugar?

- Después de dos derrotas consecutivas, el pasado domingo se ganó claramente y por dos a cero al primer clasificado, el Balón de Cádiz. ¿Está capacitado el equipo para ser campeón de grupo?

- ¿Qué opinión le merece su entrenador?

- ¿Cómo define la plantilla a la que pertenece?

- ¿Qué personas son las que más le ayudan y apoyan?

Su calidad no ha pasado inadvertida para los actuales seleccionadores de la sevillana (Cantalejo), la andaluza (Ricardo Serna) y la española (Santisteban)

Sueña con debutar con el primer equipo del Sevilla F.C.

Herminio Núñez
SEVILLA

El pupilo de Fermín Galeote, con el resto de sus compañeros.

El sevillano Sergio Ramos, ayer durante un entrenamiento en la Ciudad Deportiva del Sevilla.

El canterano rojiblanco, en primer término.

En su día logró el Campeonato de Andalucía de selecciones alevines

Sergio tiene claro que esto no es más que el comienzo de una profesión dura y complicada

"No me cabe duda de que seremos campeones de grupo y de Andalucía y de que tenemos equipo para hacernos con el Cto. de España"

Sergio Ramos García
Jugador del Sevilla de Andal. Cadete

Afortunado

Uno de los cuatro andaluces llamados por Santisteban

Sergio, junto con sus dos compañeros de equipo Gallardo y Salvari, y el cordobesista Ruz, integra el cuarteto de andaluces afortunados e ilusionados por la llamada de Santisteban y Ufarte a la concentración de la selección nacional cadete que tuvo lugar en Madrid los pasados 14, 15 y 16, en la Cdad. Dva. del Atlético de Madrid, para preparar los próximos compromisos nacionales en la categoría.

Opinión de los técnicos

"Bastante positivo como persona y con buena técnica"

Fermín (su entrenador), Juan Antonio Cantalejo (seleccionador de la sevillana) y Ricardo Serna (seleccionador andaluz), opinan así de él: "Como persona, es un fenomenal chaval, sincero, amigo del vestuario, algo bromista, participativo, animador del grupo en momentos difíciles y siempre atento a cuantos consejos se le dan. En general, es bastante positivo". En el plano futbolístico coinciden en que es "técnicamente bueno, con buena pegada con ambas piernas, maneja bien el balón, adaptable a varias posiciones, buena movilidad, no da un balón por perdido, agresivo y con buena colocación en el juego aéreo, como demuestran los goles que viene consiguiendo".

Sus virtudes

Maduro, incansable trabajador y con vocación

Esta perla de 15 años, que vive momentos óptimos de su carrera deportiva y que sueña con debutar en el primer equipo del Sevilla y consagrarse como buen jugador canterano, viene demostrando tener 'los pies en el suelo' y gozar de una madurez atípica a estas edades. Tiene asumido que este reto es difícil y que, aunque trabaja y lucha diariamente por su propuesta meta, esto no es nada más que el comienzo de una vocación dura y complicada, la de ser jugador de fútbol. Entre otros muchos triunfos deportivos y campeonatos conseguidos con el Sevilla en diferentes categorías, merece especial mención un Campeonato de Andalucía de selecciones alevines, amén de haber sido seleccionado por la sevillana y la andaluza en otras categorías.

El 22 de enero de 2002, en el periódico Estadio apareció la primera gran entrevista con Sergio

el lateral izquierdo de ese equipo era un tal Velázquez, que era muy bueno también y el entrenador le decía que Sergio iba a llegar más lejos porque tenía más cojones que él. Era una forma de motivarlo, pero la realidad era que el niño para su edad los tenía bien puestos. A esa edad ya destacaba por su personalidad y su carácter. Y además era muy noble, nunca se le veía con mala cara».

Agustín López vuelve a coincidir con Sergio en el cadete. Además de ser el preparador físico, también es el segundo entrenador.

«Ya estaba echando cuerpo, tenía una fuerza y una potencia que no eran normales a su edad. Yo le decía que eran de subir corriendo a su casa, allá en Camas. Vivía casi en una cornisa y se pasaba el día para arriba y para abajo. Como chaval era muy humano. Recuerdo que con el cadete A jugamos el Campeonato de Andalucía, quedamos segundos. El Málaga se dejó perder con el Betis, que le metió ocho, y se pegó toda la tarde llorando. Ya entonces se veía que lo que más le gustaba era ganar. Jugaba de central. Creo que es donde más disfrutaba entonces, como le sucede ahora… Aunque bueno, lo que realmente le gusta en meter goles. Es un delantero frustrado».

«En el cadete le cambia el metabolismo. Comenzamos a trabajar con él en el gimnasio, a hacer pesas.

Trabajar fuerza con niños era una odisea, pero con él no hubo problemas. Con esa nueva estructura de entrenamientos subió centímetros en altura y en anchura. Se desarrolló su sistema neuromuscular, que era muy equilibrado como lo sigue siendo hoy en día».

«Ese año jugamos en la pretemporada un torneo en Extremadura contra el Real Madrid, el Barcelona y el Betis. Él ya era el líder del grupo. Sus compañeros le querían e, incluso, le admiraban un poco. Después de cenar salimos los técnicos a dar una vuelta y escuchamos unos gritos de niñas en las pistas de tenis. Pensamos lo peor y acertamos. Allí estaba casi todo el equipo haciendo un botellón la noche previa del partido. Cuando nos vieron no sabían dónde meterse. A Velázquez, el lateral izquierdo, le dio un mareo y se medio cayó. Sergio se quedó petrificado. Les dimos una buena charla más que una bronca. Era cuestión de hacerles entender que lo que estaban haciendo no se podía hacer. Sergio se acercó a mí y me dijo: «No te preocupes que al Madrid le ganamos la final… Y la ganamos».

«Para eso Sergio era muy suyo. Asumía su responsabilidad y los castigos en forma de multas que le caían de vez en cuando, pero el día que le caía uno se entrenaba aún más fuerte. Era la forma de expresar su arrepentimiento por lo que hubiera podido hacer».

La temporada 2002-03 marca definitivamente su proyección. Tiene 16 años y comienza en el juve-

Cadete B Primera Provincial

Estos chavales apuntan alto

A sus catorce años cumplidos, los futbolistas del Cadete B ya dan que hablar. Es otro de esos equipos de la cantera en el que los técnicos tienen puestas muchas esperanzas. Fueron campeones de Andalucía en Infantiles y se trata de un gran equipo de fútbol con chavales de enorme proyección.

Este año, campeones

El Cadete B ha sido ya el primero en la clasificación de la Primera provincial de la categoría. Los Gallardo, Sergio, Dani, Rubén o Mario (no caben todos) están llamados a dar muchas alegrías.

Salvador Bernal Fernández (ent)
Daniel Barral Sánchez
Manuel Cayón López
Salvador Rubén Delgado Luque
Juan Barea Barrera
Israel Domínguez Sánchez
Francisco Javier Escamilla Llorente
Rufino Escudero Villaba
Antonio Filguera Arcos
Pablo José Gallardo Zurera
Rafael Garrido Garcelán
Daniel Jesús Jiménez López
Rubén Jurado Fernández
Antonio Ramírez Jaén
Sergio Ramos García
Antonio López Muñoz
Antonio Rodríguez Pareja
Javier Payán Blázquez
Antonio Velázquez Rey
Antonio Vera Moreno

R. PARDO, K. HURTADO Y J. HURTADO

nil de Liga nacional y termina en el juvenil de División de honor donde disputa la Copa del Rey. Al Sevilla le elimina el Valencia y el gol del triunfo levantino lo marca un tal David Silva, hoy su compañero y amigo en la selección absoluta. Una anécdota curiosa que recuerda Pablo Blanco es que en el partido de su debut con el juvenil de División de Honor contra el Imperio de Albolote le expulsan a los cinco minutos de partido. «A veces de pura fuerza no se sabía controlar».

Sin duda, su momento culminante de esa temporada es su estreno en Segunda B con el Sevilla Atlético el 23 de marzo de 2003 en un partido en Jaén (2-2), a siete días de cumplir los 17 años. Juega la primera parte. El entrenador es Manolo Jiménez y en ese equipo juegan, entre otros, Fernando Vega, Bezares, Kepa, Abel Gómez…

Las casualidades de la vida quieren que a la temporada siguiente, ya de pleno derecho en el equipo de Segunda B aunque sigue teniendo ficha de juvenil, sea en ese mismo escenario, el estadio del Jaén, donde es controlado de manera definitiva por los técnicos del Real Madrid (18-4-2004), que ya habían escuchado su nombre porque Sergio era también un fijo en la selección sevillana y la selección andaluza que jugaban los Campeonatos locales y por Comunidades.

Su carrera ya estaba lanzada. Comienza la temporada de titular en Segunda B. A Pablo Blanco le sorprende que el chaval no note los saltos de categoría. «Entonces ya era muy competitivo, como es ahora. Siempre ha sido un ganador. Perdía y se cabreaba. Había que tranquilizarle en el vestuario, decirle que no pasaba nada. No se arrugaba nunca. En un Cádiz-Sevilla se fajó bien con todos los delanteros. Las entradas daban miedo, pero él no volvía la cara. Se sentía bien armado e iba al choque. Metía y no se arrugaba. Y si le daban, se encaraba. Ahora es un calco de cuando era chico. Tenía nobleza y defendía a los suyos. No podía soportar que pegaran patadas a un compañero, prefería que se las dieran a él, que ya sabría defenderse. Siempre llevaba el pelo larguito, melenita. Es curioso porque cuando llegó era altito pero muy menudito, la fuerza desde luego la llevaba dentro…».

La temporada transcurre con normalidad. Es titular en el Sevilla Atlético y los miércoles viaja con el primer equipo a jugar amistosos por la provincia, en lo que todos denominaban la «Champiñones Lui». Manolo Jiménez le coloca de lateral porque tiene a Lolo y David Prieto de centrales.

Pablo Blanco pone en alerta a Joaquín Caparrós, técnico del primer equipo. «El lateral derecho ese va como un tiro». Caparrós comienza a seguirle de cerca.

Debut **en Primera** en **Riazor**

Que Joaquín confiaba en la cantera sólo había que comprobarlo con la masiva presencia de chavales en el trabajo diario de la primera plantilla. Poco a poco las oportunidades iban llegando para todos. Y a Sergio le llegó la suya a pesar de que, con 17 años, era el jugador más joven del filial de Segunda B, donde juega veinte de las 22 primeras jornadas antes del gran salto. De ganar en el campo del Villanovense (0-2) pasa a viajar a La Coruña. Caparrós incluye nada menos que a cinco canteranos nuevos en la expedición oficial para jugar contra el Deportivo: Sergio Ramos, Bezares, que también debuta, Óscar, Marañón y Álvaro Jurado.

Entonces, para ese grupo de aspirantes el día grande, el más esperado, era los viernes. Después de toda la semana entrenándose con el primer equipo los técnicos elegían con quién jugaba cada uno de ellos el fin de semana. Caparrós decide: Sergio con los grandes. Concede descanso a Redondo, ante la posterior jornada de Copa del Rey.

Se disputaba la jornada vigésimo segunda. Con su traje oficial, su melenita bien peinada y un corrector bucal que denunciaba su corta edad, Sergio no para de sonreír. Los canteranos acaparan la atención de los medios informativos. A Sergio los micrófonos y las cámaras no le asustaban, pero todavía no tenía confianza.

COOSUR

PRIMER PARTIDO EN PRIMERA DIVISIÓN

| Estadio Municipal de Riazor (La Coruña) | Día 1-4-2004 |

GOLES
(1-0) 28' Tristán (penalti)

«Esto no me lo podía ni imaginar a principio de temporada. Es mi sueño. Siempre ha sido mi sueño. Estar aquí significa conseguir todo lo que he perseguido durante estos años. Es algo que no olvidaré. ¿Que cómo me defino? Soy un jugador de carácter, con mucha garra e ilusión y mi polivalencia me puede ayudar porque juego igual de central que de lateral». Palabras tan recurrentes como sentidas, pero toda una declaración de principios de cuáles eran sus objetivos.

El día anterior, el 30 de enero, firma su primer contrato como profesional, pero con ficha del filial. Lo que resta de esa temporada y dos más. Hasta junio de 2007. Su cláusula de rescisión asciende a doce millones de euros.

1 de febrero. Le corresponde la camiseta con el dorsal 35. Comienza el partido en el banquillo. El Deportivo se adelanta con un gol de Tristán. Al poco de comenzar el segundo tiempo uno de los ayudantes de Caparrós le manda calentar. El técnico ya ha consumido dos cambios y Sergio no las tiene todas consigo. Llega el minuto 64 y entra al terreno de juego. Se santigua, dos-tres veces. Sustituye a Gallardo y se coloca de lateral derecho, pasando Alves, que había comenzado en esa posición, a jugar por delante.

Luque, que terminaría siendo y es uno de sus mejores amigos en el mundo del fútbol, es el primer delantero de Primera en sufrir sus ímpetus. En un balón dividido se lo lleva por delante. Luque se le queda mirando. Algo no le cuadra. Desde ese día ya sabía quién era Sergio Ramos. Acaba el partido. Victoria mínima del equipo de Irureta y Sergio que se marcha directo hacia Valerón para pedirle su camiseta. Sin ningún corte. Se la lleva. Es su primer gran trofeo en la División de honor. Y de propina, ya en la caseta, se lleva la de Luque. Sí, el mismo al que había pegado un revolcón.

«Al principio estaba un poco nervioso, sobre todo cuando comencé a calentar por la banda. Yo sabía que podía jugar, pero hasta que

no me vi corriendo no comencé a darme cuenta de que iba a jugar. Ya lo ves más cerca y te pasa un algo extraño por el estómago. Curiosamente cuando salté al campo me tranquilicé. No sé cómo pasó. Pero ya era un partido. Como los que jugaba con el B o con los juveniles. Fue una experiencia inolvidable».

Las crónicas del partido le destacan a pesar de que sólo había jugado 25 minutos. De hecho recibe en los periódicos la calificación más alta del equipo junto a Baptista y David. Caparrós cuenta con él para los tres partidos siguientes y en los tres entra sobre la marcha. En Murcia (1-3), en el minuto 74 por Alves. Las emociones son más fuertes contra la Real (1-0). Es el momento de debutar en el Sánchez Pizjuán, el estadio al que acudía desde niño con su padre. Aparecen otra vez los visitantes del estómago que le indican que algo especial está sucediendo. Entra tras el descanso por Gallardo.

Y para completar el círculo a la jornada siguiente, apenas un mes desde su debut en Riazor, disputa en el Benito Villamarín, a la sazón campo del Betis, sus primeros minutos de un derbi… Desde alevines había sido su partido preferido y ahora se veía jugando el de verdad, el de Primera. Juega los últimos diez minutos. Vuelve a entrar por Alves y el partido acaba en empate (1-1).

Monchi, director deportivo del club, también se rinde a la evidencia. «A su edad es la madurez personificada». Caparrós es de la misma opinión. «Tenemos que ir despacio con él, pero en cuanto lo mostremos será fijo en la selección, no tengo ninguna duda. Hacía tiempo que no veía a un chaval con esa madurez y ese desparpajo para asumir situaciones complicadas».

Manolo Jiménez, su entrenador del B, celebra la trayectoria de Sergio. «No me sorprende su progresión. Está jugando muy bien desde cadetes y espero que siga así porque cualidades, tanto físicas como técnicas, tiene».

Llega el tramo final de la temporada y el club toma la decisión de que es prioritario que el filial de Segunda B luche por el ascenso. Y Sergio Ramos, junto con otros compañeros, regresa a jugar con el Sevilla Atlético para reforzarle en sus aspiraciones de play off. De jugar el derbi contra el Betis a hacerlo en Badajoz.

Al menos esa es la versión oficial, porque Sergio y los suyos todavía siguen pensando que hay otra razón para volver al Segunda B: que no sume más de diez partidos en Primera para no tenerle que pagar alguna de las cláusulas del contrato. En marzo y abril disputa cinco encuentros en Segunda B y su vuelta a Primera significa superar otro reto: jugar desde el comienzo, ser titular.

Al equipo le habían metido cuatro en Zaragoza y Caparrós vuelve a tirar de él. Al fin y al cabo el primer equipo tenía prioridad absoluta y se estaba jugando una plaza para disputar la Copa de la UEFA la temporada siguiente. El rival es el Athletic en el Pizjuán. El técnico se pasa toda la semana dándole consejos. Le pide que no suba mucho y que se dedique a su marcador. Primero se ve las caras con Etxeberría y después con Ezquerro. Sergio hace caso a su entrenador y sólo corre la banda en una ocasión en todo el partido.

Caparrós toma la decisión que él y los suyos esperaban pero no se atrevían a imaginar. «Te quedas en el primer equipo hasta final de temporada y luego pasas al B para jugar la promoción de ascenso». Es titular ante el Valencia y el Albacete antes de buscar su otro objetivo y en el horizonte todavía estaba el Campeonato de Europa sub 19 con la selección. En total disputa esa temporada siete partidos en Primera, tres completos como titular y cuatro entrando de suplente. El equipo queda sexto.

2004-05 El **año** de su **explosión**

Con la medalla de oro de la Eurocopa colgada del cuello, Sergio regresa a Sevilla a finales de julio. El primer equipo lleva un par de semanas entrenándose. Renuncia a las vacaciones que le pudieran corresponder y a las 48 horas se pone a las órdenes de Joaquín Caparrós. Ese nuevo curso presenta una ilusión añadida, la Copa de la UEFA.

–«Supongo que entrenaré con el primer equipo y jugaré con el filial, pero me favorece mi polivalencia. Fue una pena que no ascendiéramos la temporada pasada. Fue el único lunar de una temporada magnífica para mí por mi debut en Primera y por el título con los sub 19».

Sus comienzos, sin embargo, no pueden ser mejores. La competencia en la línea defensiva continúa siendo máxima. Redondo y Alves para el lateral derecho y Javier Navarro, Pablo Alfaro, Aitor Ocio y Pablo Ruiz para la demarcación de central. El técnico le confía la banda y ante el Nacional, en su estreno en competición continental, marca su primer gol con el Sevilla y en el Sánchez Pizjuán. Ese día su equipo estrenaba camiseta, jugaba de morado y él con el 32 a la espalda. Se vuelve loco a la hora de celebrarlo y se la quita agitándola al viento como si fuera una bandera. No es extraño que todavía ahora ese color, el morado, sea el de su preferencia.

Poco después llegaría su primer gol en la Liga, contra la Real Sociedad. Juega regularmente y en los medios de comunicación ya se comienza a hablar del interés de varios equipos grandes por contratarle y de su posible llegada a la selección. En diciembre juega en el Bernabéu. En el palco Arrigo Sacchi y Ramón Martínez no le pierden ojo. A Sergio le sale un partidazo y anula a Figo, que termina cambiándose de banda. Además, el Sevilla se impone con un solitario gol de Baptista.

No pasan ni cuatro días cuando el sensacionalista diario inglés The Sun sale en portada con el interés del Manchester United y el Arsenal en contratarle. Y se dan más datos. Wenger, el técnico de los «gunners», estaba utilizando a su buen amigo Reyes y a Cesc, compañero en la selección sub 21, para convencerle. Le bautizan como «Superkid» (Superniño) y se asegura que en el Bernabéu habían estado técnicos de los dos equipos viéndole en acción. Se habla de once millones de euros.

Monchi, como director deportivo del Sevilla, no es ajeno a la situación y en unas declaraciones intenta poner orden.

«Estamos hablando de un chaval de 18 años, aunque yo a veces también me pregunto si realmente los tiene porque es muy maduro para su edad... No es bueno que le comparen con Maldini ni con Puyol. Luego hay que saber llevar esas etiquetas, convivir con ellas. Es cierto que tiene muy buenas condiciones, pero es Sergio Ramos, no creo que sea idóneo compararle con nadie.

Le están pasando muchas cosas al mismo tiempo y la verdad es que lo lleva bastante bien. Hay que recordar que a principios de temporada era juvenil y ahora ya se habla de que puede ir con la selección absoluta».

Al cumplir los veinticinco partidos con el primer equipo pasa automáticamente a tener contrato profesional. Amplia un año más su compromiso, hasta 2008, y su cláusula de rescisión pasa de 12 a 18 millones. Su siguiente espaldarazo es la selección. Luis le convoca y debuta en marzo contra China. Sergio ya es uno más del primer equipo. Vive con especial emoción el recorrido por la Copa de la UEFA. El Sevilla elimina al Nacional, Aachen, Zenit y Lille antes de caer ante el Parma en octavos de final.

En la Liga, el equipo se mantiene arriba luchando por las posiciones de Champions. Pero un pésimo final –no gana los cuatro últimos partidos, un empate ante el Real Madrid (2-2) y tres derrotas– le desplaza al sexto puesto. Precisamente el 14 de mayo, en la antepenúltima jornada, Sergio le marca un impresionante gol de golpe franco al Real Madrid en el Sánchez Pizjuán. Desde treinta metros superó la mini barrera de dos hombres (Beckham y Zidane) montada por Casillas, que no podía pensar que su ya compañero de selección fuera a rematar directamente desde tan lejos el balón que le tocó en corto su compañero Renato.

Florentino Pérez observó desde el palco la acción y pensó que ese jugador la temporada siguiente tenía que jugar en el Real Madrid. Así fue.

Pablo Blanco, el hombre que le había vigilado de cerca en sus once temporadas en el club sevillista también estaba a su lado en el momento de la verdad, su traspaso al Bernabéu.

«Durante meses se venía hablando de que el Madrid le quería, de que el Madrid le quería. Es verdad que yo un día había dicho que Sergio era el clásico jugador que acaba en el Madrid, por lo que no me extrañaba nada lo que estaba pasando. Yo sabía que entre las altas esferas del club había conversaciones, pero cuando me di cuenta de que aquello iba en serio fue cuando Ramón Martínez y Sacchi vinieron a ver el primer partido de Liga contra el Racing, creo que era el 28 de agosto. Ramón, un buen amigo, me presentó a Arrigo, al que yo no conocía personalmente, y nos fuimos juntos al último palco, al 16...

Durante el partido no paraban de preguntarme cosas personales sobre Sergio. Que cómo era su familia, que cómo era él fuera del campo... Su faceta futbolística la tenían totalmente controlada, pero querían saber otras cosas. Es algo muy normal que hacemos todos los clubes. Es muy importante conocer el entorno del jugador y ellos querían saberlo de buena fuente...

Yo les dije que era de una familia estable, que su hermano había sido futbolista y sobre él les dije que sobre todo era un tipo noble, valiente, entregado a su profesión, porque entonces, aunque tuviera 18 años, ya era su profesión... Además Sergio jugó fenomenal ese día».

Finalizaba una etapa intensa de su vida, pero comenzaba otra que le iba a conducir a la elite del futbol mundial.

3

LA SELECCIÓN

TRICAMPEÓN

Y CAMINO DE UN RÉCORD

«JUGABA EN EL JUVENIL DEL SEVILLA Y LE QUEDABA UN MES PARA CUMPLIR LOS 16 AÑOS CUANDO SERGIO RECIBIÓ LA PRIMERA LLAMADA PARA ACUDIR A LA SELECCIÓN».

Tricampeón
y camino de un récord

Jugaba en el juvenil del Sevilla y le quedaba un mes para cumplir los 16 años cuando Sergio recibió la primera llamada para acudir a la selección. Finales de febrero, primeros de marzo de 2002. Se trataba de la sub 16 que entrenaba José Armando Ufarte. El compromiso era un torneo amistoso en tierras portuguesas en tres ciudades: Santarem, Río Maior y Torres Novas.

Entre los dieciocho convocados, jugadores que después han cubierto también una notable carrera profesional. Son los casos de David Silva, Jurado, del portero Manu, Sergio Sánchez... Sergio se incorporó al grupo en esa concentración, pero la mayoría de los jugadores ya se habían estrenado en la categoría el año anterior y tenían más experiencia.

La ilusión de la llamada pronto se vio truncada por una lesión, ya en tierras portuguesas, que le impidió siquiera debutar. Ufarte decidió que se quedara con el grupo para ir conociendo a sus compañeros y comenzara a vivir el ambiente de la selección. El técnico gallego no tenía ninguna duda de que ese defensa fuerte y valiente iba a tener mucho recorrido.

José Armando Ufarte recuerda perfectamente a aquel Sergio quinceañero. «Hablé con él y le dije que no tenía que estar triste por no haber podido jugar. Estaba seguro de que iba a tener más oportunidades, como así fue. Lo que más me llamaba ya la atención entonces eran sus extraordinarias condiciones físicas. Defendía bien y tenía una capacidad tremenda para irse al ataque. Iba sobrado con jugadores de mayor edad, uno o dos años. Se le veían cualidades de grande».

El siguiente paso natural era la selección sub 17 y Juan Santisteban le recluta a finales de diciembre de ese mismo 2002 para un amistoso contra Portugal, en Sintra, preparatorio para la Meridien Cup, que se iba a disputar al mes siguiente en Egipto. Casualidades de la vida, otra vez el país vecino. España pierde (2-1). Sergio disputa el partido completo y se reencuentra con compañeros de la sub 16 como Osktiz, David Rodríguez, Bergara, Marcos, Tebar...

El encuentro se iba a jugar dos días antes, el 17, pero fue suspendido por causas meteorológicas. Sergio disputó aquel partido enfermo. La noche anterior apenas había dormido. No dijo nada. Se calló. Quería jugar. No olvidaba que unos meses antes se había quedado sin ponerse la roja por una inoportuna lesión. Después del partido y del esfuerzo se sintió peor en el vestuario y, mareado, casi se desplomó.

El susto de los técnicos y sus compañeros fue tremendo y poco a poco se fue descuoriendo el trasfondo de la historia. Juan Santisteban se enfadó mucho. Todavía o recuerda. «Estaba pálido. Yo no sé cómo pudo jugar. Estábamos preparando la Meridien Cup y pensó que si no jugaba a lo peor no le llevaba. Era el último partido de preparación. Era un niño y creía que no estaba haciendo mal a nadie, pero por compañerismo esas cosas no se deben hacer. Menudo susto nos llevamos… No le llevé al final a Egipto. Más que como castigo, para que supiera que no se deben hacer esas cosas y menos a su edad». Además, la competencia en a posición de lateral derecho era enorme. Molinero (Atlético de Madrid), con el que compartía habitación aquella agitada noche, y Chica (Espanyol) ocuparon su plaza. España ganó el torneo y Sergio se quedó en Sevilla dándole vueltas al gafe portugués.

Tiene que pasar un año y cinco meses para volver a ser citado. En ese tiempo su trayectoria a nivel de club se dispara. Tiene 17 años pero ya es jugador del filial del Sevilla, en Segunda B, e incluso ha debutado con el

primer equipo en Riazor contra el Deportivo, el 1 de febrero. Justo cuando termina esa temporada le llega otra vez la llamada de la selección.

Está en juego un puesto para la fase final del Campeonato de Europa sub 19, que se celebra en el mes de julio en Suiza. A mediados de mayo se disputa una fase de clasificación en Castellón. España tiene como rivales a Lituania, Holanda y Hungría. José Armando Ufarte es, otra vez, el responsable técnico. Sergio se reencuentra con compañeros de la sub 16 y con una nueva generación. Aquella cosecha sabe y huele bien desde el primer partido, aunque no se pasa del empate contra Lituania (0-0). Sergio lo juega completo como lateral derecho.

En el segundo encuentro, contra la Holanda entrenada por una referencia del fútbol orange, Ruud Gullit, Ufarte le coloca en el centro del campo por la derecha. Es sustituido a la hora de partido y su recambio,Willy, marca el gol del triunfo. También en el tercero, contra Hungría, juega en el medio del campo. Victoria rotunda (3-0) y clasificados para el europeo.

Oro puro
con los sub-19

Se queda sin vacaciones. Acaba con el filial sevillista la fase de promoción a Segunda el 27 de junio y a primeros de julio queda concentrado con la selección. El día 13, en Friburgo, se disputa el primer compromiso, contra Alemania. Ufarte vuelve a colocarle de lateral y ve una tarjeta amarilla. Los germanos dan guerra, pero en la segunda parte se redondea una gran victoria con tantos de Víctor Casadejús, Gavilán y Soldado.

El estadio Juan Antonio Samaranch de Lausanna recibe el segundo partido, contra Turquía. Mantiene el puesto y se repite el triunfo después de un pequeño susto porque los turcos empatan al final el 2-0 de los primeros minutos, goles de Juanfran y Silva. En el último suspiro el central Robusté marca el tanto definitivo. Como ve otra tarjeta amarilla, Sergio se pierde el tercer partido, contra Polonia (4-1), resuelto fácil con goles de Borja Valero, Víctor Casadejús, Gavilán y Soldado.

Ucrania es el rival en semifinales, otra vez en Lausanne. Recupera la titularidad en el lateral derecho. Duro encuentro que se va a la prórroga. El tempranero gol del actual ariete del Mallorca, Víctor Casadejús, es contrarrestado en la segunda parte. Soldado adelanta a España en el tiempo añadido. Vuelven a empatar los turcos. Penaltis. España se impone con claridad (4-1). El portero Ribas fue el héroe de la tanda. Sergio lanza uno y marca.

En la final, Turquía vuelve a ser el rival. Otro duelo igualadísimo, muy cerrado, que se resuelve en el último minuto con un precioso tanto de vaselina de Borja Valero, que había entrado en el campo seis minutos antes.
Era el primer título oficial para Sergio y una experiencia difícil de olvidar. Además, España rompía una racha negativa: en los últimos 14 meses había perdido las cuatro finales que había disputado: Europeo sub 17 contra Portugal (2003), Mundial sub 17 y Mundial sub 20, ante Brasil los dos, y Europeo sub 17 contra Francia (2004).

David Silva, ahora compañero suyo en la absoluta, recuerda a aquel Sergio de entonces. «La primera vez que coincidimos fue la con sub 16 en Portugal. También estaba Albiol, creo recordar. Ya entonces era como es ahora, un valiente que siempre tiraba para adelante. Tenía mucha fuerza, más que nosotros, o al menos más que yo, que era más

bajito. Destacaba por su confianza, por su optimismo».

Juanfran, el ahora lateral del Atlético, entonces extremo de los juveniles del Real Madrid, también tiene su imagen formada de aquel Sergio con 18 años.

«Jugábamos los dos en la banda derecha. Para nosotros era una de las referencias porque ya había jugado en Primera con el Sevilla. Era ya muy fuerte y me doblaba constantemente por la banda. A mí antes no me importaba que el lateral subiera, es más jugaba mucho con él, aprovechaba su presencia para buscar el uno contra uno.

Teníamos un equipazo y fuimos justos campeones aunque lo pasamos mal en algunos partidos. El gol de Borja Valero en la final fue precioso. A Sergio físicamente se le veía más formado que la mayoría. Ya chocaba, subía, bajaba, iba a la presión... Ahora es un animal en ese sentido. Ufarte siempre decía de él que iba a volar. Hacíamos muchos ejercicios juntos por la banda y siempre nos decía que el centro siempre tenía que salir, incluso nos obligaba a centrar sin mirar.

Fuera del campo el recuerdo que tengo es que era más tranquillo, más reservado, hablaba poco... al menos en comparación a ahora que tiene mucho más peso y experiencia. Yo le veía tan fuerte de lateral que nunca pensé que iba a acabar de central. Claro que yo tampoco pensaba que iba a terminar de lateral derecho, que era precisamente su posición».

Tras celebrar el triunfo como merecía la ocasión e incorporarse al primer equipo del Sevilla Sergio no tiene que esperar mucho para tener una nueva experiencia con la selección. Llega el turno de la sub 21, aunque tiene 18 años. Iñaki Sáez le convoca en el mes de agosto para un amistoso contra Francia (1-1). Con él viajan Jesús Navas y Antonio Puerta. Repite en otro amistoso contra Escocia (3-1) al mes siguiente y comienza a disputar la fase de clasificación para el Europeo de la categoría, que se celebraría en Portugal en 2006.

Disputa cuatro partidos en total, los cuatro antes de finalizar el año. Jarque, Iniesta, Xabi Prieto, Cazorla, Cesc... y su inseparable Navas forman parte del grupo que gana a Bosnia (2-0) e Inglaterra (1-0) y empata con Bélgica (2-2) y Lituania (1-1).

El momento tantas veces soñado se acerca como un tornado. Iñaki Sáez deja de contar con él para la sub 21... porque Luis Aragonés ya le ha dicho que será una de las grandes novedades para su próxima convocatoria de marzo que debe afrontar un amistoso contra China y un partido de clasificación contra Serbia-Montenegro. Dicho y hecho. 18 de marzo, viernes, día convencional en el que los seleccionadores suelen dar la lista de convocados. Luis pronuncia el nombre de Sergio Ramos. Ya es una realidad.

La llamada de Luis para la absoluta

El técnico explica las razones por las que ha llamado al lateral del Sevilla. «Es un jugador joven pero con un gran futuro. Nos puede servir. Tiene que mejorar cosas, como los centros desde la banda, pero está en la edad de aprender. No me importa que tenga 18 años. Está jugando en Primera todos los domingos…».

El protagonista ha dormido poco y mal. Muy poco y muy mal. Regresa de Parma, donde el Sevilla ha quedado eliminado de la Copa de la UEFA, y se ha especulado tanto con su posible presencia en la lista definitiva de Luis Aragonés que está inquieto. Da más vueltas de las normales en la cama. Nada más despertarse él y sus padres esperan que llegue la confirmación oficial por la radio.

–«Hasta entonces no me lo creí. Muchas veces se oyen rumores y luego te llevas el chasco».

Su mal cuerpo por la derrota de su equipo nota una inmediata mejoría. Tuvo que atender a los medios de comunicación, sobre todo a los sevillanos, y hasta posar con una camiseta roja de España con el número dos. Sus primeras palabras como nuevo internacional, aunque no hubiera debutado, fueron de recuerdo para sus entrenadores y sus compañeros. Se acordó de Pablo Blanco, de Caparrós, de todos los entrenadores que había tenido a lo largo de su carrera… y del equipo en general.

Pablo Blanco, el técnico sevillista que resultó clave para su incorporación al club de

Nervión, no puede disimular tampoco su emoción cuando se entera de la noticia. «Es increíble. Y pensar que podía jugar con nosotros el domingo en el juvenil de División de Honor… y lo va a hacer con la selección absoluta».

Ese domingo, efectivamente, juega, pero no con el juvenil, sino con el primer equipo en Mallorca (0-1). Se prepara para desplazarse a Madrid. La cita es el martes día 22 de marzo. Sergio se pone en manos de su madre a la hora del vestuario. Tiene que ir de traje y elige uno negro de rayas y una sonrisa inequívoca que transmitía las sensaciones de felicidad que estaba viviendo.

–«Es cumplir el sueño de toda mi vida y además cumplirlo tan pronto. Es estupendo estar aquí y aprender de los buenos jugadores que hay».

Son los periodistas los que le informan de que en el caso de debutar se convertiría en el jugador más joven en estrenarse con la selección en los últimos 64 años. El último en hacerlo había sido el portero del Deportivo Juan Acuña, en 1941.

–«No lo sabía. Si por algo me siento especial es por tener la posibilidad de debutar tan joven. Me alegra. No me hace sentir presión alguna. Todo lo contrario, me motiva mucho más. Sabía que me iban a recibir bien y así ha sido».

Luis Aragonés le estrechó la mano con la complicidad cercana de Armando Ufarte, que le conocía bien de las selecciones inferiores.

–«Sólo me ha dicho que me comporte como soy y que si juego lo haga igual que en el Sevilla. Para mí ya es importante estar aquí. Si juego, mejor, pero lo importante es entrar en la primera convocatoria».

Por supuesto, tuvo que responder preguntas sobre el presunto interés del Real Madrid en ficharle y para su edad supo salir bien del trance.

–«Siempre suenan rumores que te llenan de ilusión, de emoción y de alegría. ¿A quién no le gustaría jugar en un equipo como el Madrid? Pero estoy muy bien en el Sevilla».

Después de entrenarse en Madrid dos días, el jueves por la tarde la selección viajó hasta Salamanca, donde al día siguiente se iba a enfrentar a China como preparación del clasificatorio del miércoles contra Serbia en Belgrado.

Día 26. Sábado. Otra fecha inolvidable en su corta vida. Con toda su familia en la tribuna de El Helmántico Sergio consume con ansiedad las horas previas al que puede ser su debut con la selección absoluta de España. Luis Aragonés le insinúa que si todo transcurre según el plan previsto va a jugar unos minutos. Puyol es el titular en el lateral derecho. Sergio elige la camiseta con el 15. España se va ganando al descanso (2-0) con goles de Fernando Torres, de penalti, y Xavi. Ufarte y Paredes, preparador físico, le comunican que va a entrar de salida en la segunda parte.

Llueve bastante. El césped está peligroso y la dureza china ya ha quedado patente. Se queda a calentar sobre el césped junto a Valerón, Orbáiz, Reyes, Mista y Luis García. Para estos dos jugadores es un día importante. También van a debutar en la absoluta. Le quedan cuatro días para cumplir los 19 años y va a superar la precocidad, por ejemplo, de dos leyendas que están ahí a su lado y admira profundamente: Iker Casillas, que debutó con la selección con 19 años y dos semanas y ese día cumplia su partido 47; y Raúl, que se había estrenado con La Roja con 19 años y cuatro meses.

Luis le llama. Allí, al lado del banquillo, con su chándal azul, le da las últimas instrucciones. Le pasa la mano por el hombro como signo de cercanía. Sergio escucha y asiente con la cabeza. Entra en escena. Se santigua. Mira al cielo. Da cuatro palmas. Ha entrado por Puyol y va a formar línea con Juanito (Betis), Pablo (Atlético) y Del Horno (Athletic). Tiene bien presentes las palabras de Luis. Le ha pedido que suba por su banda, centre y que no se complique la vida. Ufarte le pega un grito. «Haz lo que sabes, chaval». Y lo hace. Cumple. Se traga los nervios y supera la prueba. Joaquín, antes de retirarse para que entrara otro de los debutantes (Luis García, Liverpool), hace el tercer gol y cierra el marcador.

El partido no fue bueno porque esos amistosos casi nunca lo son, pero a Sergio le pareció como una final de las que luego ha tenido oportunidad de protagonizar. Su tesoro era esa camiseta roja con el 15 a la espalda. Lo demás le daba igual, patadas de los chinos incluidas.

Son momentos para emocionarse y acordarse de todos los seres queridos. Y lo hizo.

–«Mi gran secreto es que sé de dónde vengo. Desde pequeño siempre he confiado en la gente de mi entorno: mis padres, mis abuelos, mis hermanos, que siempre han estado cerca de mí para que no se me suban los humos… y ahora tampoco me va a pasar».

Luis Aragonés también debe estar convencido de que ese chaval está preparado para todo y cuatro días después, el día que cumple 19 años, le hace titular en el Pequeño Maracaná de Belgrado en un partido crucial para la clasificación mundialista. La gran novedad de ese partido, además de la presencia de Sergio, es que Raúl, el gran capitán, no es titular por primera vez desde que era un fijo en la selección. Venía arrastrando problemas físicos desde la semana anterior –tampoco juega contra China– y el técnico prefiere reservarle para la segunda parte.

Casillas; Sergio Ramos, Puyol, Pablo, Del Horno; Albelda; Joaquín, Xavi, De la Peña, Reyes; y Torres. En el primer minuto de la segunda parte Raúl entra por De la Peña, Juanito por Puyol, lesionado, y en el 62, Antonio López por Reyes. Estos fueron los hombres que consiguieron un meritorio empate sin goles que dejaba abiertas las puertas del Mundial de Alemania. Con ese resultado, que pudo ser mejor, España dependía de sí misma para clasificarse.

Fue un partido bronco –Sergio vio una amarilla–, bajo un ambiente feroz. Aquella selección común para Serbia y Montenegro tenía buenos jugadores como Milosevic, Kezman, Stankovic, Dragutinovic, Vidic… Con el 19 en la camiseta, Sergio hizo un buen partido, sobre todo en el aspecto defensivo. Se incorporó lo justo al ataque, pero esas eran las órdenes que tenía esa tarde. En aquellos tiempos Luis sacaba dos extremos bien abiertos (Joaquín y Reyes). Como dato curioso, en la foto de rigor se colocó como si fuera el delantero centro del equipo. Medio de pie y entre Xavi y De la Peña.

Examen superado. Luis Aragonés ya cuenta con Sergio y vuelve a convocarle para los dos últimos partidos del curso 2004-05, también oficiales. No es titular contra Lituania en Mestalla (1-0), entra en el minuto 74 sustituyendo a Raúl. No juega, sin embargo, tres días después contra Bosnia (1-1), también en Valencia. La competencia con Míchel Salgado, entonces titular indiscutible en el Real Madrid, era dura, pero a sus 19 años Sergio ya daba por bueno estar entre los elegidos.

Comienza una nueva temporada y la selección reaparece en el clásico amistoso de agosto que tanto molesta a los clubes. Partido contra Uruguay en El Molinón (2-0). Sergio entra en la segunda parte por Salgado. Iba a ser su último partido con la selección como jugador del Sevilla. En la siguiente convocatoria, a final de mes, aparece en la concentración con un impecable traje blanco, camisa oscura y corbata de rayas. Un guiño al futuro inmediato. Se convierte en el protagonista absoluto de la convocatoria porque las negociaciones entre el Sevilla y el Real Madrid alcanzan la máxima ebullición. Quedan apenas tres días para que se cierre el mercado de fichajes.

La operación se consuma casi con el control cerrado, tanto que Luis Aragonés tiene que concederle un permiso especial para que baje al parking de la Residencia de Las Rozas a firmar su nuevo contrato con el club del Bernabéu poco antes de que su hermano

PRIMER GOL CON LA SELECCIÓN

| Clasificación para el mundial de Alemania 2006 | Estadio Olímpico de Serravalle | Día 12/10/2005 |

SAN MARINO 0 6 ESPAÑA

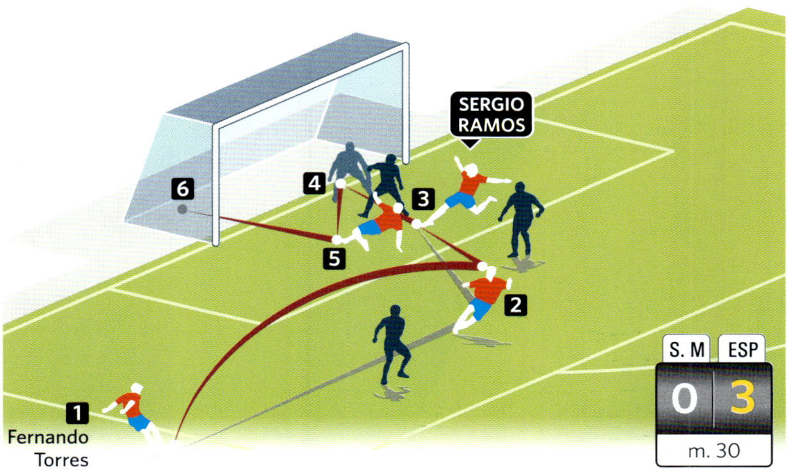

René deposite en la Liga Profesional un talón por el valor de su cláusula de rescisión. Ya como jugador del Real Madrid disputa el siguiente partido, también amistoso, contra Canadá en El Sardinero de Santander, el 3 de septiembre. Es titular y juega los noventa minutos.

Integrado totalmente en la dinámica de la absoluta, que continúa disputando la fase de clasificación para Alemania, alterna titularidades y suplencias. La veteranía de Salgado, su nuevo compañero de equipo, es un grado y él no desespera. No juega contra Serbia (1-1) ni ante Bélgica (0-2), pero sí contra San Marino (0-6) y además marca su primer gol con la selección. Mejor dicho, dos. El tercero y el cuarto de la cuenta.

–«Fue un centro de Fernando Torres desde la izquierda, Villa, a la corta, cabeceó hacia atrás y el balón me cayó encima; rematé con la derecha, el portero despejó y volví a rematar para marcar dentro de una melé de jugadores. Fue un gol de área pequeña, de delantero centro. El segundo fue a la salida de un córner, no rematé muy fuerte, aunque estaba más allá del punto de penalti, pero sí de pleno y muy colocado a la derecha del portero».

Cuando marcó el primero se fue corriendo a por el balón para reanudar el juego rápido y besa a Raúl, que acude a felicitarle.

España queda segunda de grupo y tiene que jugar la repesca contra Eslovaquia. Sergio viene alternando de posición en el Real Madrid. Juega preferentemente de central y a veces en el centro del campo. Luis Aragonés continúa pensando en él como lateral derecho y sigue a la sombra de Salgado. La selección encarrila la eliminatoria decisiva con un rotundo 5-1 en el Vicente Calderón. No es titular. En la vuelta, en Bratislava (1-1), sale en la segunda parte por Xavi y celebra como el que más la clasificación. Su primer Mundial.

En los partidos de preparación poco a poco Luis va confiando más en él. Titular ante Costa de Marfil, Rusia y Egipto, disputa la segunda parte completa contra Croacia en el último amistoso antes de la gran cita. Se intuye que el lateral derecho va a ser suyo. En el debut contra Ucrania se confirma su presencia y se estrena en un Campeonato del Mundo con su 15 en el pecho y en la espalda y una cinta en la cabeza. Indio Ramos. Gran partido de la selección, que golea (4-0) con dos tantos de Villa, uno de Xabi Alonso y otro de Fernando Torres.

Túnez, el segundo enemigo, presenta un poco más de batalla y Raúl, que sale en la segunda parte, abre el marcador y dos tantos de Fernando Torres cierran el partido. Para el tercero, contra Arabia Saudí, el seleccionador, con el equipo ya clasificado, decide dar descanso a los hombres que habían disputado los dos primeros partidos. Míchel Salgado ocupa su posición. España gana (1-0) con un solitario gol de Juanito.

Francia es el rival de octavos de final. Los de Luis son favoritos, principalmente por su buen momento de juego, que no coincide precisamente con el de los galos. Luis se la juega al ataque y mantiene a Raúl en el once titular al lado de Torres y Villa. El asturiano materializa el dominio de la selección con un buen tanto. España quiere más, se va en busca del segundo y Ribery empata antes del descanso. Suele pasar.

En la segunda parte la iniciativa española en el juego encuentra respuesta en la defensa francesa y casi al final los galos hacen buena su experiencia y, unido a los despistes defensivos españoles, terminan imponiéndose con dos goles, de Vieira y Zidane. España eliminada. Para Sergio era nueva la historia, al menos no la había vivido antes como protagonista, pero para muchos otros compañeros era el cuento de nunca acabar. De favoritos a eliminados en el primer cruce.

Del **peligro** al gol de **Aarhus**

Vacaciones y rápida vuelta al equipo nacional porque comienza la fase de clasificación para la Eurocopa 2008, que se disputará en Suiza y Austria. Luis continúa al frente y arranca contando con el mismo bloque de jugadores, aunque alguna herida mundialista con algunos de los más veteranos no terminaba de estar cicatrizada. En el amistoso contra Islandia de agosto Sergio juega de central al lado de Pablo. Una simple prueba porque el técnico le hace jugar de lateral en los siguientes partidos.

La marcha hacía la fase final se complica con dos derrotas consecutivas, ante Irlanda del Norte (3-2) –Luis le quita en el descanso– y Suecia (2-0). El técnico, contra la pared, toma decisiones drásticas. Deja de llamar a Raúl y Míchel Salgado. Los partidos se van sacando adelante, pero el equipo no muestra el nivel esperado. Un empate en Reykjavik complica aún más la clasificación y España se ve obligada a tener que ganar los tres partidos que le quedan.

La primera final es en Aarhus, una ciudad danesa que Sergio nunca olvidará porque allí, vestido de blanco, marcó un gol precioso de ejecución y decisivo por su valor. España afronta el partido con las bajas de Torres y Villa. Luis improvisa con Tamudo y juega con cuatro centrocampistas: Joaquín-Cesc-Xavi-Iniesta. Tamudo inicia la cuenta, pero el segundo gol, obra de Sergio, resulta espectacular. Fueron 65 toques seguidos y 28 pases en 75 segundos. Corría el minuto 38. Capdevila interceptó el balón en defensa. Ahí comenzó la jugada. Intervinieron nueve jugadores, todo el equipo menos Casillas y Albelda.

Xavi fue el que más participó, con 17 toques y 7 pases. Iniesta y Joaquín dieron cuatro pases en 16 toques. De los 28 pases que tuvo la jugada siete fueron al primer toque. Cesc, Marchena, Tamudo, en dos ocasiones, Albiol, Xavi y Ramos.

Sergio, además de materializar el tanto con una vaselina ya dentro del área pequeña ante la salida de Sorensen, había participado de la acción en su elaboración en dos ocasiones, la segunda con una triangulación con Xavi e Iniesta antes de lanzar su desmarque de ruptura hacia el área rival. El último pase fue de Tamudo. Realizó un control orientado con la derecha, avanzó tres metros y picó por encima del portero con el empeine. Fue la jugada perfecta. Un gol de videoteca.

Ese tanto Sergio se lo dedicó a su sobrina Daniela, hija de René, que estaba en camino. Por eso se chupa el dedo mientras corre con su ya inseparable 15 a la espalda como homenaje a Antonio Puerta y todo el equipo le persigue para abrazarle. Disputaba su partido vigésimo séptimo y era su tercer tanto con la selección. La celebración, el abrazo, fue una piña especialmente larga. Ese grupo había sufrido mucho y sabía que esa victoria en Dinamarca, que después se aseguró con un gol de Riera, podría ser vital para la clasificación.

Sergio estaba exultante tras el partido.

–«Hago mucho esa jugada de desdoblamiento por la banda esperando que el delantero me pase y yo pueda sorprender desde lejos a los defensas rivales. Me llegó la inspiración al verme solo ante el portero, no tenía mucho ángulo y se la levanté. Debe ser que de entrenarme todos los días con Ronaldo y Zidane se me ha pegado algo. Los defensas también tenemos nuestra «miajita» de calidad».

España redondea la faena con su victoria en el Bernabéu ante Suecia (3-0) y el último encuentro, contra Irlanda del Norte en Las Palmas, es de puro trámite porque el pase ya es un hecho.

En la vida siempre hay una segunda oportunidad y en el fútbol también. En el entorno de la selección –Luis Aragonés también está de acuerdo con la teoría–, aquella brillante victoria ante Dinamarca y la mejor obra del tiqui-taca que se conoce hasta el momento fue el nacimiento de un nuevo espíritu ganador y de confianza que ya no abandonó al equipo.

Eurocopa 2008
de menos a más

No fue, ni mucho menos, una Eurocopa fácil para Sergio. Todo lo contrario. Su titularidad era indiscutible, pero Luis Aragonés y la crítica especializada le exigían más. Antes del último amistoso de preparación, contra Estados Unidos en Santander el 3 de junio, el seleccionador y el jugador coinciden en la conferencia de Prensa rutinaria de previa. Los dos sentados en la misma mesa, a escasos metros. Luis sabe lo que se hace.

–«Los dos laterales no pueden subir a la vez. Sube uno y se queda el otro. Ramos siempre está arriba y hay que frenarle, sobre todo si sube el izquierdo. En ocasiones jugamos con tres defensas porque él en cuanto te descuidas está arriba».

Era la forma que tenía el técnico de corregirle públicamente algunos errores de posición que había cometido en el anterior amistoso de preparación, contra Perú.

Ahí se quedó el asunto. Primer partido contra Rusia. España se impone con claridad (4-1) y con buen fútbol. En un momento determinado del encuentro Ramos y Puyol discuten por una jugada. El central pide al lateral que no se vaya tanto al ataque. En el descanso, en el vestuario, vuelven a comentar la jugada. La acción ha trascendido a las gradas y los periodistas y los aficionados también son conscientes de la situación.

España también gana el segundo partido ante Suecia (2-1). Las crónicas culpan a Ramos del gol de Ibrahimovic. El motivo siempre es el mismo. Se ha incorporado al ataque y no ha recuperado la posición a tiempo. Sergio no se esconde y como es su costumbre afronta la situación.

–«Reconozco que no estoy jugando bien, pero pronto volveré a ser el de siempre. En el sistema que empleamos tengo la banda

CAMPEÓN DE LA EUROCOPA 2008

Final | Estadio Ernst Happel de Viena (Austria) | Día 29-6-2008

ALEMANIA 0 1 ESPAÑA

Entrenador: J. Löw

Entrenador: Luis Aragonés

GOLES

(0-1) 33' Torres

para mí y el problema que puede aparecer es saber si voy o no al ataque. Para los siguientes partidos seguro que estaré a tope. Sé lo que tengo que hacer. Entrenarme y estar concentrado. Me tengo que dosificar. Tengo confianza en mis posibilidades y el grupo también confía en mí. La primera misión de un defensa es la defender. Lo que importa ahora es que el equipo está ganando».

Había entrado en un momento de confusión táctica. Tras el mensaje de Santander, antes de viajar a tierras suizas, consideró que debía incorporarse con más precaución y sin embargo cuando optó por esa decisión, el técnico le pidió que no se quedase atrás, que subiera.

–«Tire para arriba, Sergio, usted es un jugador importantísimo para este equipo. Hace mucho daño cuando sube, tire para arriba pero elija bien el momento y en otros contemporice. Sergio, para mí es imprescindible».

Esas palabras de Luis parece que calman los ánimos, pero al seleccionador le preocupan otros asuntos que no son propiamente futbolísticos y los desvela en público. A Sergio no le gusta cómo degenera la situación. De una cuestión puramente táctica se había pasado a otras más personal.

El día 19, con el partido contra Italia de cuartos de final en el horizonte, Luis, muy dado a los mensajes tanto en privado como en público, se sienta con el jugador en el césped después del entrenamiento a la vista de los periodistas que cubren la información de La Roja. No fueron más de cinco minutos. Poco después, el técnico habló con los medios de comunicación.

–«Lo que hemos hablado Sergio y yo pertenece a los códigos del fútbol que él debe entender. Por mi veteranía hay cosas que le debo decir y él entender. Cuanto mejor futbolista eres más debes aprender de esas otras cosas, de esas que están fuera del terreno de juego, lejos del césped.

Austria-Switzerland
NOSOTROS

Sergio es una gran persona, pero cuanto mejor futbolista eres más orden debes tener fuera del campo. Ha hecho algunas cosas, y no me refiero a dentro del terreno de juego, que no debe hacer. Estoy seguro que después de lo que hemos hablado lo va a entender y va a estar en el camino correcto. Hemos cambiado impresiones de cosas que no tienen nada que ver con el fútbol. Lo he hecho con todos».

Hubo medios que interpretaron que Luis se refería al excesivo uso del teléfono móvil en la concentración por parte del jugador, a unos mínimos retrasos a la hora de llegar al comedor en un par de ocasiones y a unas fotos que salieron publicadas en la prensa sueca después del partido contra Rusia en las que se veía a Sergio en una discoteca de Innsbruck, en la que también estaban otros compañeros. Por supuesto no había existido ninguna indisciplina por parte del futbolista porque estaba en su día libre.

Cuando se enteró de estas palabras Sergio, molesto, decidió afrontar la situación públicamente, con todos sus compañeros delante y también con los representantes de los medios de comunicación en la distancia. Antes de cada entrenamiento, Luis y sus hombres solían tener una charla para comentar los últimos detalles y ese fue el momento que aprovechó el jugador para tomar la palabra.

A los cinco minutos de comenzar la reunión y cuando Luis estaba hablando, Sergio entra en escena.

–«Míster, no me gusta lo que ha dicho de mí en los periódicos, debería decirme esas cosas en privado, puede dañar mi imagen profesional».

También pidió disculpas a sus compañeros por ese par de retrasos en su llegada al restaurante.

Se sucede un intercambio de opiniones entre ellos. Los aspavientos de Sergio son vistos por todos los que estábamos allí, a cuarenta metros escasos. El dialogo continuó unos minutos más y entonces Marchena empujó a su compañero para que no estuviera a tiro de las cámaras de televisión y de los fotógrafos, que estaban grabando el momento, y el propio Luis terminó acercándose a él, cogiéndole por la cintura y con un cachete cariñoso quiso dar por concluido el cambio de impresiones. Sergio también correspondió.

Puyol entró al quite rápido y empujó a su compañero en plan de broma, mientras Casillas también se acercaba para intentar tranquilizarle. Sergio comentó terminado el entrenamiento que «no ha pasado nada, son cosas del fútbol. Nada más». Luis prefirió el silencio y Fernando Torres, cuando fue preguntado al respecto, salió por peteneras. «El míster se peleó con Sergio porque no le gusta la música que pone antes de los partidos».

Ese fue realmente un punto de inflexión. Sergio mejoró su rendimiento en cuartos contra Italia, donde se comió a Cassano. Estuvo extraordinario en las semifinales ante Rusia y en la final contra Alemania disputó el mejor partido del Campeonato. Pletórico tanto atrás como adelante hizo un despliegue físico impresionante.

Después de todo lo que había pasado fue uno de los futbolistas que más saboreó el triunfo final. Enloqueció nada más finalizar el partido, pero tuvo tiempo para pensar que era el momento para seguir homenajeando a su amigo del alma, a Antonio Puerta, y mientras todos sus compañeros subían al palco a recoger las medallas y la Copa con una camiseta roja preparada para la ocasión él se puso una blanca, para que destacase más, con una foto de Puerta en el pecho y un pequeño texto: «Puerta siempre con nosotros». Sabía que no podía hacerlo, que la UEFA no permitía en su protocolo vestir ese tipo de camisetas, pero nadie logró convencerle de lo contrario.

Al día siguiente, en el impresionante homenaje que recibió el equipo por las calles de Madrid, allí estaba Sergio en el autobús con su camiseta blanca, saltando, cantando y celebrando un título que se había hecho esperar cuarenta y cuatro años y que encumbraba a España por primera vez en su historia al primer puesto del ranking de la FIFA. Precisamente en la web del máximo organismo del fútbol mundial, en una votación mundial entre internautas, Sergio fue uno de los elegidos para el once de la

Eurocopa, junto a cinco compañeros más. Un once para la historia. Casillas; Sergio Ramos, Puyol, Pepe, Lahm; Ballack, Senna, Xavi, Sneijder; Villa y Arshavin. El Real Madrid también le concedió la insignia de oro y brillantes del club por ganar el título.

Nadie mejor que él para evaluar cómo fue ese su primer título con la selección absoluta.

–«Empecé el torneo regular física y mentalmente. En los dos primeros partidos no estuve bien. Se me criticó mucho e intenté estar al margen porque las críticas no te pueden hundir. Fui a más y creo que acabé a un buen nivel, el mismo con el que me hubiera gustado empezar. Me pasaron factura tantos partidos, tantos viajes y también me afectaron un poco las críticas. Hubo momentos en los que pensé que se me faltaba al respeto y eso no lo podía consentir. Creo que se tiene derecho a criticar el juego, pero esa es la frontera. He aprendido mucho de estas semanas. Tengo que aprender a decir «no» en algunas ocasiones. Saber que no tengo que infiltrarme cuando no hace falta, que no puedo, en definitiva, hacer cosas que al final me pueden perjudicar».

El **Mundial** de **Sudáfrica**, próximo objetivo

Cambio de seleccionador. Luis Aragonés decide marcharse en búsqueda de una nueva aventura en el fútbol turco y la Federación, de la mano de su director deportivo, Fernando Hierro, le ha buscado un sustituto de absolutas garantías: Vicente del Bosque.

–«Luis era más inquieto y Del Bosque más relajado y tranquilo. Lo bueno que tiene esta selección es que llevamos mucho tiempo juntos, nos conocemos a la perfección y a la hora de jugar hay poquito que decir. Pero está claro que Vicente quiere dar su toque personal al equipo y así lo estamos entendiendo».

Con estas palabras Sergio resumía el cambio de líder en el nuevo proyecto, que no tenía otro objetivo que clasificarse para el Mundial de Sudáfrica, la próxima gran cita. Por el camino también estaba la Copa Confederaciones, que La Roja se había ganado el privilegio de disputar por ser campeón de Europa.

España queda encuadrada en un grupo de seis junto a Bosnia, Turquía, Bélgica, Estonia y Armenia. Por supuesto parte como gran favorita y cumple con todos los pronósticos de manera brillante. Gana los diez partidos con 28 goles a favor y cinco en contra. Sergio disputa ocho de los diez encuentros y sólo falta ante Estonia y Bélgica, en septiembre de 2009, por estar lesionado en el tendón de Aquiles.

La cita de la Copa Confederaciones, justo a un año del Mundial y con la clasificación más que encarrilada, le motiva especialmente. Todo está preparado para una final España-Brasil, pero la racha impresionante de victorias de la selección se rompe en las semifinales contra Estados Unidos. Los de Del Bosque ganan los tres partidos de su grupo: Nueva Zelanda (5-0), Irak (1-0) y Sudáfrica (2-0) –Sergio no juega para descansar-, pero se vieron sorprendidos por los estadounidenses, que supieron cerrar todos los espacios hacia su portería y sorprendieron a la contra (2-0).

España gana el partido para el tercer y cuarto puesto a Sudáfrica (3-2). Vuelve a contemplarlo desde el banquillo porque el técnico concede minutos a los compañeros que habían jugado menos.

Un año después vuelta a Sudáfrica. Le espera su segundo Mundial. Las apuestas acompañan a La Roja. El estreno sabe a desilusión. Suiza se impone en un partido que España no mereció perder. Hay que ganar a Honduras y Chile. Se les gana y se pasa como primero de grupo. La Portugal de Cristiano Ronaldo y Pepe es el rival de octavos.

Antes del partido Sergio juega su particular partido vía sms con sus compañeros de club. El primero en atacar es Cristiano.

–«No se hagan ilusiones».

Contesta Ramos.

–«No te hagas ilusiones tú, máquina. Me hubiera gustado encontrarles más adelante, pero el cruce viene así y daremos todo por eliminar a Portugal. Ya haremos las paces en Madrid. Cada uno irá a lo suyo. Por encima de nuestra amistad están nuestros países y la idea de España es llegar bien arriba en el Mundial».

Pocos defensas conocían a Cristiano como Sergio. «No hay que dejarle controlar el

balón». Y así fue. El de Camas ganó el duelo directo al de Funchal y un tanto de Villa decidió el partido.

Cuartos de final. Paraguay. España es favorita pero sufre lo indecible. Casillas tuvo mucho que ver en esa victoria con el penalti parado a Cardozo y Villa volvía a marcar el gol del triunfo. Semifinales. Alemania, el rival de la final de Viena.

Sergio está convencido del triunfo y Puyol pone la cabeza para que así sea. Final. Holanda. Y otro viejo conocido, su ex compañero Robben. Otro desafío personal. También le conoce bien. Sabe sus secretos y el antídoto. Iniesta hace el resto. Campeones del mundo. Ha disputado los siete partidos y sólo ha dejado de jugar 13 minutos contra Honduras, cuando con el partido sentenciado Del Bosque le sustituyó por Arbeloa.

Antes de ese encuentro había tenido fuertes molestias en un costado.

Sergio fue incluido por la FIFA en el once ideal del Campeonato junto a Casillas, Puyol, Xavi, Iniesta y Villa. Por supuesto, Vicente del Bosque fue elegido mejor seleccionador.

El país vuelve a echarse a la calle para celebrar el triunfo. Ramos comanda junto a su inseparable Pepe Reina la fiesta que se forma en el avión de vuelta a Madrid. Con una coleta y un casette del siglo anterior en la mano se pasean por toda la nave cantando. En esta ocasión el regreso fue inmediatamente después del partido y de la primera gran celebración en el propio vestuario del Soccer City con la presencia de la Reina, Doña Sofía, como invitada de honor.

Sergio recuerda esos momentos con emoción.

–«Entró la Reina y lo primero que nos dijo fue que había sido una maravilla. Nosotros no sabíamos qué hacer y respondimos con un aplauso. Y ella se puso a aplaudirnos también. Yo estaba sin camiseta, con una toalla sobre los hombros. Vi que había botas y medias por el suelo, por donde ella estaba, e intenté retirarlas como pude. Nos fue dando la mano uno por uno. El último fue a Puyi, que venía de la ducha con el pecho al descubierto y una toalla como faldón…

Luego tomó la palabra la Reina y nos dijo que de parte del Rey, de los Príncipes, de toda la Familia Real, hasta de sus nietos y de toda España, nos daba la enhorabuena.

Estaba emocionada. Vicente del Bosque no estaba en el corro que habíamos formado todos los jugadores, «físios», médicos, empleados. Prefería estar en un segundo plano, pero por fin apareció y todos, la Reina también, le dimos un aplauso. El Príncipe Felipe y la Princesa Leticia también bajaron a saludar al equipo a los vestuarios. Y Rafa Nadal, eufórico y emocionado; Placido Domingo…»

Al día siguiente la fiesta continuó por las calles de Madrid para explotar en el escenario montado para la ocasión. Ahí Reina tomó la batuta y Sergio disfrutó como un niño con su bandera de España sobre los hombres y tocado con un sombrero rojo. En la presentación uno a uno de los jugadores, Reina estuvo especialmente cariñoso con él.

–«Con el 15, el indio de Camas, el pulmón de la banda derecha, sube... Como dice el míster es un poco nervioso a la hora de centrar, pero lo hace muy bien... ¿Dónde está? El indio de Camas...».

Y tuvo que salir a saludar y mandar un beso a toda la afición que le aclamaba. Tampoco se escondió cuando Bisbal le reclamó a su lado para cantar el himno de Sudáfrica. Un hombre que se pasa la vida cantando no podía perderse ese momento de gloria.

En octubre de ese año la selección recibía el premio Príncipe de Asturias de los deportes «por crear una técnica y un estilo de juego admirados mundialmente y que son un modelo a seguir en muchos países. Por haber logrado que toda España vibrara con sus triunfos y los hiciera suyos y haber conseguido la máxima trascendencia popular, social y deportiva a nivel internacional, dando ejemplo de ansias de superación, espíritu de equipo, sencillez y compromiso con los valores del deporte, el jurado ha concedido el galardón a la Selección Española de fútbol, que está representada en esta ceremonia por algunos de sus jugadores...».

Y allí estaba Sergio Ramos, al lado de Reina, Jesús Navas, Mata, Javi Martínez, Marchena, Llorente, Capdevila, Xavi, Casillas. Él fue el segundo en salir y estrechar la mano del Príncipe. Recogió el galardón el seleccionador, Vicente del Bosque, que en un acto entrañable tuvo el detalle de pedir a Luis Aragonés que compartiera con ellos el premio, por su aportación en la Eurocopa 2008.

VISA

PREMIOS
PRÍNCIPE
DE ASTURIAS

CASILLAS

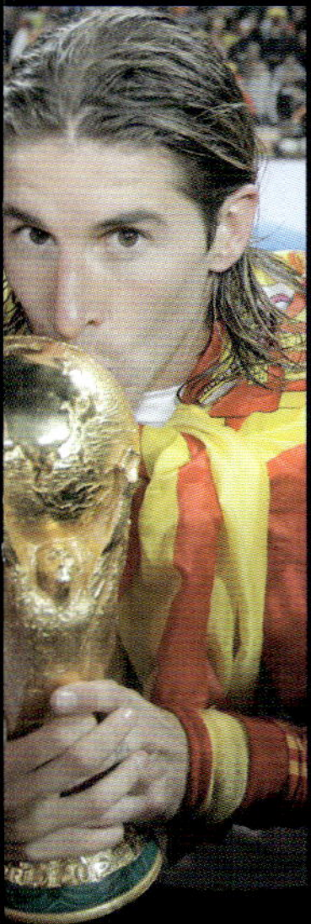

Camino del no hay **dos** sin **tres**

Otro verano para saborear la gesta y La Roja ya estaba metida otra vez en faena. Esperaba la Eurocopa de Polonia y Ucrania. La defensa del título. Otro pleno en la fase de clasificación. Ocho partidos, ocho victorias, 26 goles a favor, seis en contra. Los rivales, la República Checa, Escocia, Lituania y Liechtenstein. Sergio disputa los ocho encuentros. Le espera su segunda Eurocopa.

Se cambia de look para la ocasión y también cambia de posición. De lateral a central. Y junto a Piqué forma la mejor pareja del Campeonato. Un solo gol recibe el equipo y fue en el primer partido contra Italia (1-1). A continuación, victorias ante Irlanda (4-0) y Croacia (1-0) para superar la primera fase.

En cuartos, la víctima es Francia (2-0), la primera vez que se gana a los galos en un partido oficial; en semifinales, Portugal (0-0); y en la final, Italia (4-0), en la mejor actuación del equipo en todo el torneo.

Su gran actuación individual es reconocida con el premio Castrol Edge Index. Con 9,68 puntos acaba primero por delante de Cristiano Ronaldo (9,61) y su compañero Piqué (9,54). Además fue elegido mejor jugador del partido en las semifinales contra Portugal, donde marcó, a lo Panenka, el penalti que lanzó en la tanda de desempate.

EUROCOPA 2012

Estadio Olímpico de Kiev (Ucrania) | Día 1-7-2012

ESPAÑA 4 0 ITALIA

Entrenador: Vicente del Bosque

Entrenador: C. Prandelli

GOLES
(1-0) 14' Silva
(2-0) 41' Jordi Alba
(3-0) 84' Fernando Torres
(4-0) 88' Mata

El grupo de Estudios Técnicos de la UEFA le incluyó en el equipo de gala del Campeonato compuesto por 23 jugadores. Otros nueve futbolistas españoles estuvieron entre los elegidos. Finalmente, también formó parte del equipo ideal de los aficionados que votaron a través de la web de la UEFA. Alcanzó un 32 por ciento de los votos para formar pareja como mejor central del torneo con su compañero del Real Madrid, Pepe.

Como no podía ser otra forma, esperaba otra gran fiesta para celebrar el acontecimiento de ser la primera selección que encadenaba dos Eurocopas y un Campeonato del Mundo de forma consecutiva y ahí estaba él para disfrutarlo al máximo tanto en la caseta de Kiev, donde estuvieron el Príncipe Felipe y el presidente del Gobierno, Mariano Rajoy, como al día siguiente por las calles de Madrid.

Su siguiente objetivo con la selección no es otro que llegar a las cien internacionalidades. Está a tiro de dos. Con 26 años ya ha acumulado 98 partidos con la absoluta. En los dos últimos, contra Francia, en el Vicente Calderón, y contra Panamá, además ha marcado. Ya son ocho sus tantos con La Roja. El último, el de Panamá, una obra de arte. Un lanzamiento de libre directo que colocó con maestría en la escuadra, al mejor estilo de un especialista en la materia.

Lo normal es que antes de cumplir los 27, el 30 de marzo, cumpla el centenario. Tiene tres partidos de la selección por delante para ello. De ser así se convertirá en el futbolista más joven de la historia del fútbol continental en llegar al centenar de encuentros internacionales. En España el honor, ahora, corresponde a Fernando Torres, que los sumó con 28 años y 171 días. Y a nivel europeo lo ostenta el alemán Lukas Podolski, que llegó a los cien entorchados con 27 años y 13 días.

Un poco más allá, en el horizonte, divisa su tercer Mundial. Nada más y nada menos que Brasil 2014. Un nuevo reto para Sergio: «Campeonar» en Maracaná.

19

MIKI ROQUE
26
UEFAEURO2012

PARTIDOS CON LA SELECCIÓN

	FECHA	TEMPORADA	MARCADOR			TITULAR	COMPLETO	SUPLENTE	MINUTOS
1	26/03/05	2006-07	España	3 - 0	China			●	44
2	30/03/05	2006-07	Serbia y Montenegro	0 - 0	España	●	●		90
3	04/06/05	2006-07	España	1 - 0	Lituania			●	16
4	17/08/05	2006-07	España	2 - 0	Uruguay			●	31
5	03/09/05	2006-07	España	2 - 1	Canadá	●	●		90
6	13/10/05	2006-07	San Marino	0 - 6	España	●	●		90
7	16/11/05	2006-07	Eslovaquia	1 - 1	España			●	18
8	01/03/06	2006-07	España	3 - 2	Costa de Marfil	●	●		90
9	27/05/06	2006-07	España	0 - 0	Rusia	●	●		90
10	03/06/06	2006-07	España	2 - 0	Egipto	●	●		90
11	07/06/06	2006-07	España	2 - 1	Croacia			●	44
12	14/06/06	2006-07	España	4 - 0	Ucrania	●	●		90
13	19/06/06	2006-07	España	3 - 1	Túnez	●	●		90
14	27/06/06	2006-07	España	1 - 3	Francia	●	●		90
15	15/08/06	2008-09	Islandia	0 - 0	España	●	●		90
16	02/09/06	2008-09	España	4 - 0	Liechtenstein	●	●		90
17	06/09/06	2008-09	Irlanda del Norte	3 - 2	España	●			45
18	07/10/06	2008-09	Suecia	2 - 0	España	●	●		90
19	11/10/06	2008-09	España	2 - 1	Argentina	●	●		90
20	15/11/06	2008-09	España	0 - 1	Rumanía			●	17
21	07/02/07	2008-09	Inglaterra	0 - 1	España	●			46
22	28/03/07	2008-09	España	1 - 0	Islandia	●	●		90
23	02/06/07	2008-09	Letonia	0 - 2	España	●	●		90
24	06/06/07	2008-09	Liechtenstein	0 - 2	España	●	●		90
25	**08/09/07**	**2008-09**	**Islandia**	**1 - 1**	**España**	●	●		90
26	12/09/07	2008-09	España	2 - 0	Letonia	●	●		90
27	13/10/07	2008-09	Dinamarca	1 - 3	España	●	●		90
28	17/10/07	2008-09	Finlandia	0 - 0	España	●	●		90
29	17/11/07	2008-09	España	3 - 0	Suecia	●	●		90
30	21/11/07	2008-09	España	1 - 0	Irlanda del Norte	●	●		90
31	06/02/08	2008-09	España	1 - 0	Francia	●			45
32	26/03/08	2008-09	España	1 - 0	Italia	●			74
33	31/05/08	2008-09	España	2 - 1	Perú	●	●		90
34	04/06/08	2008-09	España	1 - 0	Estados Unidos	●	●		90
35	10/06/08	2008-09	España	4 - 1	Rusia	●	●		90
36	14/06/08	2008-09	Suecia	1 - 2	España	●	●		90
37	22/06/08	2008-09	España	0 - 0	Italia	●	●		90
38	26/06/08	2008-09	Rusia	0 - 3	España	●	●		90
39	29/06/08	2008-09	Alemania	0 - 1	España	●	●		90
40	20/08/08	2010-11	Dinamarca	0 - 3	España	●			75
41	06/09/08	2010-11	España	1 - 0	Bosnia	●	●		90
42	10/09/08	2010-11	España	4 - 0	Armenia	●	●		90
43	11/10/08	2010-11	Estonia	0 - 3	España	●			53
44	15/10/08	2010-11	Bélgica	1 - 2	España	●	●		90
45	19/11/08	2010-11	España	3 - 0	Chile	●			61
46	11/02/09	2010-11	España	2 - 0	Inglaterra	●	●		90
47	28/03/09	2010-11	España	1 - 0	Turquía	●	●		90
48	01/04/09	2010-11	Turquía	1 - 2	España	●	●		90
49	09/06/09	2010-11	Azerbaijan	0 - 6	España			●	44
50	**14/06/09**	**2010-11**	**Nueva Zelanda**	**0 - 5**	**España**	●			54
51	17/06/09	2010-11	España	1 - 0	Irak	●	●		90
52	24/06/09	2010-11	España	0 - 2	Estados Unidos	●	●		90
53	10/10/09	2010-11	Armenia	1 - 2	España	●	●		90
54	14/10/09	2010-11	Bosnia	2 - 5	España			●	13
55	14/11/09	2010-11	España	2 - 1	Argentina	●	●		90
56	18/11/09	2010-11	Austria	1 - 5	España	●	●		90
57	03/03/10	2010-11	Francia	0 - 2	España	●	●		90
58	29/05/10	2010-11	España	3 - 2	Arabia Saudí	●			59
59	03/06/10	2010-11	España	1 - 0	Corea del Sur	●	●		90
60	08/06/10	2010-11	España	6 - 0	Polonia			●	36
61	16/06/10	2010-11	España	0 - 1	Suiza	●	●		90
62	21/06/10	2010-11	España	2 - 0	Honduras	●			76
63	25/06/10	2010-11	Chile	1 - 2	España	●	●		90
64	29/06/10	2010-11	España	1 - 0	Portugal	●	●		90
65	03/07/10	2010-11	Paraguay	0 - 1	España	●	●		90
66	07/07/10	2010-11	Alemania	0 - 1	España	●	●		90
67	11/07/10	2010-11	Holanda	0 - 1	España	●	●		90
68	11/08/10	2012-13	México	1 - 1	España			●	44
69	03/09/10	2012-13	Liechtenstein	0- 4	España	●	●		90
70	08/10/10	2012-13	España	3 - 1	Lituania	●			82
71	12/10/10	2012-13	Escocia	2 - 3	España	●	●		90
72	17/11/10	2012-13	Portugal	4 - 0	España	●	●		90
73	09/02/11	2012-13	España	1 - 0	Colombia	●	●		90
74	25/03/11	2012-13	España	2 - 1	República Checa	●	●		90
75	**29/03/11**	**2012-13**	**Lituania**	**1 - 3**	**España**			●	1

	FECHA	TEMPORADA	MARCADOR			TITULAR	COMPLETO	SUPLENTE	MINUTOS
76	04/06/11	2012-13	Estados Unidos	0 - 4	**España**	●			65
77	02/09/11	2012-13	**España**	3 - 2	Chile	●	●		90
78	06/09/11	2012-13	**España**	6 - 0	Liechtenstein	●			54
79	07/10/11	2012-13	República Checa	0 - 2	**España**	●			46
80	11/10/11	2012-13	**España**	3 - 1	Escocia	●	●		90
81	12/11/11	2012-13	Inglaterra	1 - 0	**España**	●			74
82	15/11/11	2012-13	Costa Rica	2 - 2	**España**	●	●		90
83	29/02/12	2012-13	**España**	5 - 0	Venezuela	●			60
84	26/05/12	2012-13	**España**	2 - 0	Serbia	●			45
85	30/05/12	2012-13	**España**	4 - 1	Corea del Sur	●			57
86	03/06/12	2012-13	**España**	1 - 0	China	●			55
87	10/06/12	2012-13	**España**	1 - 1	Italia	●	●		90
88	14/06/12	2012-13	**España**	4 - 0	Irlanda	●	●		90
89	18/06/12	2012-13	Croacia	0 - 1	**España**	●	●		90
90	23/06/12	2012-13	**España**	2 - 0	Francia	●	●		90
91	27/06/12	2012-13	Portugal	0 - 0	**España**	●	●		90
92	01/07/12	2012-13	**España**	4 - 0	Italia	●	●		90
93	15/08/12	2012-13	Costa Rica	1 - 2	**España**			●	45
94	6/09/12	2012-13	**España**	5 - 0	Arabia Saudí			●	45
95	11/09/12	2012-13	Georgia	0 - 1	**España**	●	●		90
96	12/10/12	2012-13	Bielorrusia	0 - 4	**España**	●			70
97	16/10/12	2012-13	**España**	1 - 1	Francia	●	●		90
98	14/11/12	2012-13	Panamá	1 - 5	**España**			●	30

PARTIDOS CON LAS SELECCIONES INFERIORES

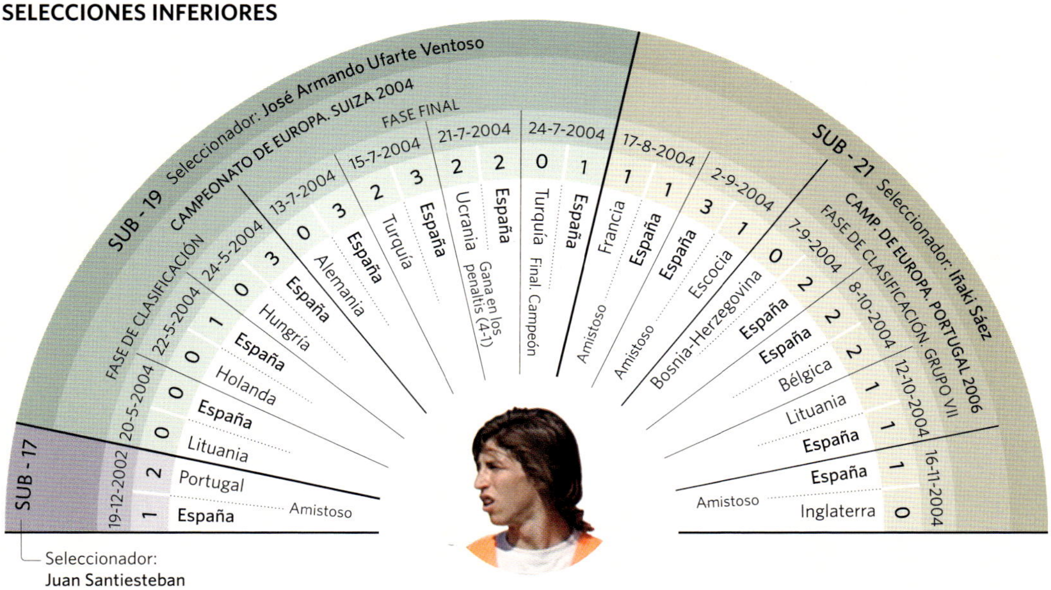

adidas
15

Foto Pablo García / MARCA

ASÍ JUEGA

UN DEFENSA

CON VOCACIÓN DE DELANTERO

«HE JUGADO PRÁCTICAMENTE DE TODO MENOS DE PORTERO, AUNQUE UNA VEZ ESTUVE A PUNTO DE COLOCARME BAJO LOS PALOS EN EL CAMAS…».

Así **juega**

«He jugado prácticamente de todo menos de portero, aunque una vez estuve a punto de colocarme bajo los palos en el Camas, pero cuando ya me estaba poniendo los guantes llegó el niño, que se había dormido. La verdad es que siempre me gustó la portería y en muchos entrenamientos me pongo y me juego cosas con los compañeros. No tengo miedo y me tiro a por todas, aunque no las toque...».

«De pequeño lo que realmente quería ser era delantero porque sólo pensaba en hacer cuantos más goles mejor. En el Camas me colocaban de extremo derecha y de delantero centro, primero en el fútbol siete y luego ya en el once. La verdad es que era una bala. Después, en las inferiores del Sevilla pasé por todos los puestos, dependía de las necesidades del equipo o del gusto del entrenador. Con 16-17 años ya me fueron alineando en el lateral, aunque en la selección Ufarte me ponía algunos días por delante, como interior. Jiménez, en el filial, fue el que me metió definitivamente en el lateral y luego Caparrós me puso también de central. Tenía la competencia de mis dos maestros, Javi Navarro y Pablo Alfaro...».

«Con los años he asimilado que soy defensa y moriré de defensa, pero nunca voy a renunciar a subir al ataque y marcar goles. Creo que a todos los futbolistas les gusta marcar goles más allá de dónde jueguen en el campo. Los goles te hacen sentirte más importante. De hecho hay mucha gente que sólo valora los goles y no el trabajo que haces en el campo».

Nadie mejor que él para analizarse en cada posición en las que ha actuado con más asiduidad a lo largo de su carrera.

GOL AL GETAFE

| Temporada 2007-08 (Jornada 6) | Estadio Coliseum Alfonso Pérez | Día 30/9/2007 |

GETAFE 0 1 REAL MADRID

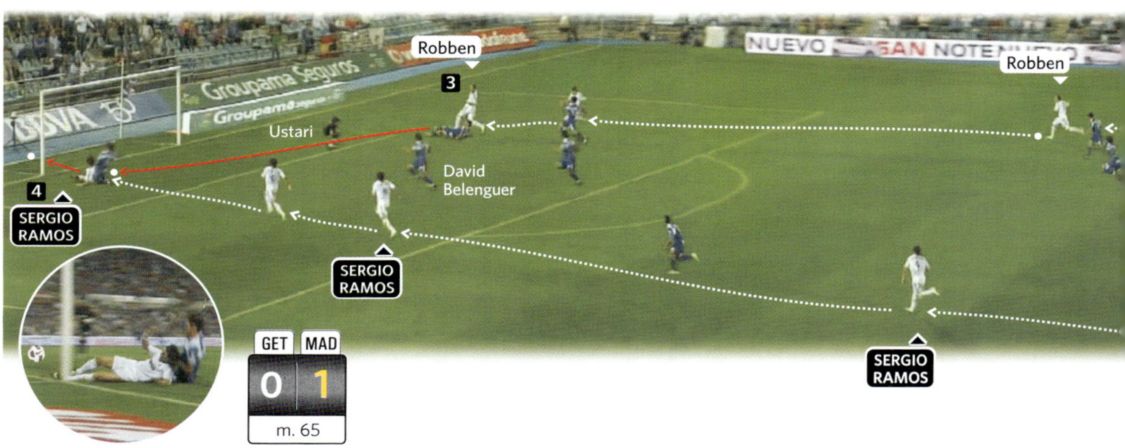

DEFENSA CENTRAL «Creo que debe ser mi posición definitiva. El oficio de central te lo dan los minutos y los años. Cuantos más minutos y más partidos juegas en esa posición más sabes lo que tienes que hacer en cada momento, qué es lo que conviene y qué no. Cuándo tienes que ir y cuándo tienes que quedarte. Me gusta porque ves el campo de frente y manejas mejor las alternativas del juego. Me siento cómodo».

LATERAL. «La ventaja que tiene jugar en la banda es que puedes incorporarte más al ataque. Toda mi vida me la he pasado luchando con esa situación. Todos los entrenadores, todos, me han dicho «chico, no subas tanto». Pero todos querían que aprovechase los espacios cada vez que los tuviera. Luis me enseñó que hay que mirar al balón, que no engaña. Si miras la silueta del contrario te puedes equivocar».

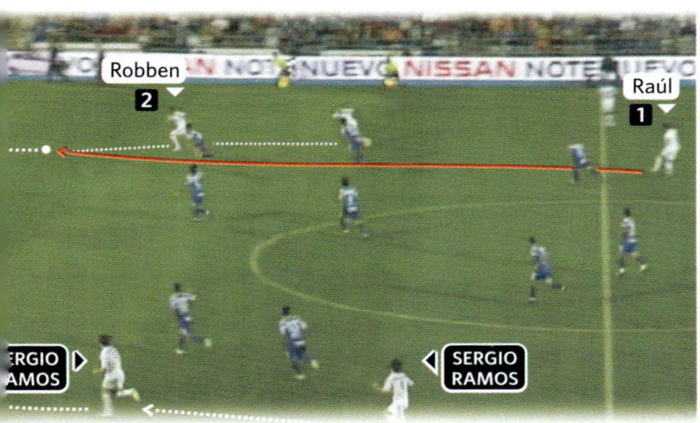

EUROCOPA 2008

| Fase de clasificación | Aarhus Stadion | Día 13/10/2007 |

DINAMARCA 1 3 ESPAÑA

DINAMARCA 0 | 2 ESPAÑA
m. 39

6 Pica suavemente el balón ante Sorensen

5 Ramos controla y encara al portero

4 Tamudo de p abre a Ramo

ESPAÑA BAILÓ A DINAMARCA CON 65 TOQUES EN 75 SEGUNDOS

Inicio de la jugada
Capdevila intercepta un pase en profundidad

Aparece Iniesta
Tras Xavi, Joaquín y Capdevila, Iniesta entra en acción

Ramos, al ataque
Joaquín y Xavi deciden dar una velocidad más al balón

Iniesta abre el juego
Joaquín crea el espacio a Ramos e Iniesta le busca

SEGUNDOS 5 10 15 20 25 30 35 40 45 50 55 60

MEDIOCENTRO. «Una posición en la que me he sentido muy cómodo siempre que he jugado. Caparrós ya me puso una vez en el Sevilla y luego, en el Madrid, jugué ahí primero con Luxemburgo y después con López Caro y hasta con Capello. Me gusta porque haces de todo, destruyes y construyes. Atacas y defiendes. Tienes magníficas vistas, divisas todo el terreno de juego. Estás siempre colaborando en el juego y es una posición en la que incluso tienes la posibilidad de llegar arriba. Y a mí eso de llegar arriba es lo que más me gusta».

Varias voces autorizadas han defendido la teoría de que la posición idónea para Sergio era ésta.

3 Xavi recibe y toca para Tamudo

2 Ramos pasa a Xavi

1 Iniesta abre el juego para Ramos

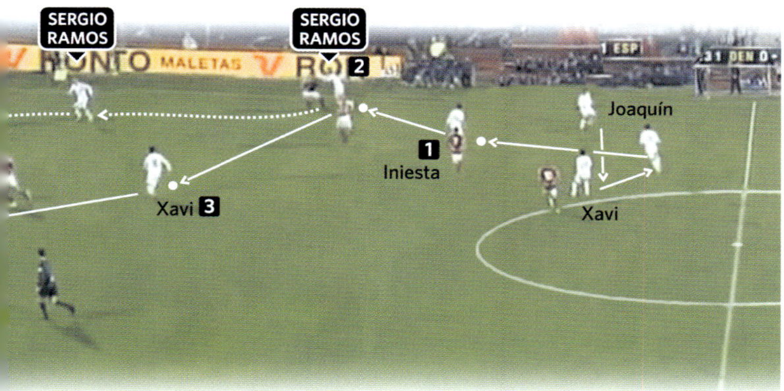

busca portería
l inicia una triangu-
on Xavi y Tamudo

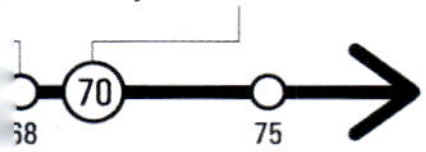

LOS ÚLTIMOS 10 PASES

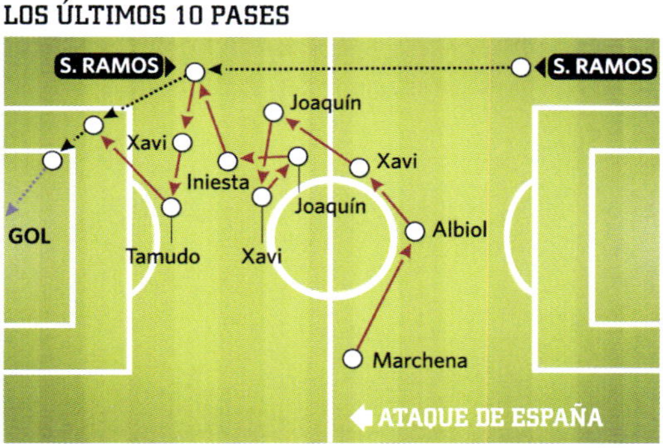

Julio César Iglesias, periodista de prestigio reconocido avalado por ser quien bautizó a la Quinta del Buitre con ese nombre, ha mantenido casi desde que Sergio llegase al Madrid que ésa es su verdadera posición. En diciembre de 2007 escribía una columna en MARCA con esa tesis y titulada el «Comanche Rubio».

«Hoy, con 21 años, Sergio ha alcanzado la jerarquía de la titularidad: nadie puede discutir la solidez de su oficio ni la evidencia de su poderío. Sin embargo ha llegado el momento de cuestionarse por qué no le han asignado todavía el puesto de mediocentro; hablamos de ese lugar que es al equipo lo que el centro de gravedad es al cuerpo. No se trata de hacerle una prueba protocolaria, sino de apostar sinceramente por un competidor de ida y vuelta que reúne las cualidades de media docena de especialistas: potencia de choque, dominio del juego aéreo, disciplina en los relevos, velocidad en el cruce, toque corto para aliviar la presión, toque largo para abrir la maniobra, habilidad para fintar, picardía de descuidero, malicia de goleador y un motor de dos tiempos, es decir, de noventa minutos…

Alfredo di Stéfano lo proclamó desde que le vio jugar la primera temporada en el Real Madrid y Arrigo Sacchi, que lo fichó como defensa, también pensaba que podría jugar perfectamente por delante de la zaga como canalizador del juego.

Se trata de permitir que luzca sus pinturas de guerra, de exigirle que se desdoble en sus distintas versiones de futbolista y que, como de costumbre, haga del juego una cuestión personal. Que pida el balón en esa voz mojada en aguardiente y que cumpla la primera obligación de un péndulo: marcar el compás. No se puede meter a un purasangre en un cajón».

Cinco años después el propio Julio César ha ahondado en el juego de Sergio y su cambio de lateral a central en otra columna en MARCA.

«A la velocidad de una flecha incendiaria, llama larga y vuelo alto, Sergio Ramos continúa su extraordinario viaje por dos futbolistas distintos: va de lateral grande a central grandioso… Sergio se acantonó en la banda derecha su propia reserva india. Allí vivía resignado a sus escapadas por el carril, un lugar fronterizo en el que las acciones no suelen merecer la consideración de sucesos heroicos: son casi siempre refriegas con algún explorador zurdo, incursiones aisladas hasta el banderín o misiones auxiliares para interceptar a los goleadores extraviados, gente a la que se puede robar una pelota sin otro riesgo que una mirada hostil o un tiro a la pierna. Poco botín para tanto empuje.

La historia cambió de rumbo por accidente. Para sustituir a un guerrero herido, el Comanche Rubio dejó un día su puesto en la periferia del equipo y ocupó la corona del área, el auténtico territorio comanche. Su nuevo destino representaba la topografía más dura del fútbol… Las dos leyes de la demarcación eran universales: primera, detener a

GOL AL BETIS EN LIGA

| Temporada 2008-09 (Jornada 24) | Estadio Santiago Bernabéu | Día 21/2/2009 |

REAL MADRID 6 1 BETIS

los adversarios más temibles; segunda, prohibido retroceder. Sólo podría huir hacia delante...

Tan capaz de chocar con un bisonte como de torearlo al natural, Sergio conoce sin excepción las claves del juego y mueve sin miedo los hilos del futuro. Rápido, elástico, lúcido y certero, es la personificación del jefe».

Agustín López, el técnico de la cantera del Sevilla que no ha dejado de seguir su proyección en todos estos años, no se extraña nada de que Sergio haya llegado al nivel técnico, físico y táctico en el que se encuentra ahora.

«Era y es un autodidacta. Físicamente siempre estuvo sobrado. Tácticamente había que tirarle con una cuerda para que se ajustara al guión. De niño no era disciplinado, pero tampoco hacía tanta falta porque los alevines o infantiles del Sevilla eran superiores al resto de los equipos. Tenía una confianza absoluta en su poderío y sabía cuándo tenía que subir y cuándo tenía que quedarse. Tácticamente los entrenadores trabajaron mucho con él y tiene una base en ese sentido. Ahora mismo en el uno contra uno es casi imposible de rebasar y tiene un truco que es innato en él, da un pasito hacia delante y busca el contacto.

Ha evolucionado mucho en todos los aspectos, pero su condición de base es muy buena. Defensivamente es muy completo. Sabe apretar cuando tiene que hacerlo, hacer coberturas, vigilancias y recupera su posición cuando la pierde con facilidad. Todo lo hace sencillo para él aunque a veces para el aficionado pueda parecer que no lo es y que arriesga más de la cuenta. Si lo hace es porque cree tanto en sus cualidades que sabe que lo puede hacer.

GOL AL ATLÉTICO DE MADRID

| Copa del Rey (Cuartos) | Estadio Santiago Bernabéu | Día 12/1/2011 |

REAL MADRID 3 1 AT. DE MADRID

1 Saque de esquina de Di María

MAD 1 ATL 1
m. 14

David de Gea

De lateral su virtud es que sabe sorprender desde atrás. En las transiciones es muy rápido, como Maldini. De central forma con Pepe uno de los mejores tándem de la actualidad. Yo creo que él es más equilibrado que el portugués en el entendimiento del fútbol global y emocionalmente ayuda al equilibrio de la pareja. Se cruzan mucho, es verdad, pero es porque son dos perros de presa».

«Nunca dudé de que su posición era la de central. Él disfruta más, se siente más implicado en el juego que de lateral. Disfruta con los duelos frente a los grandes delanteros. Siempre fue así, le gusta medirse. Les reta. El día de su debut en Primera, en Riazor, le hace una entrada a Luque que lo lanza al aire por encima. Era su forma de decirle que ahí estaba él, su presentación.

No se le han comido ni las categorías superiores a su edad en las que siempre ha ido jugando ni los vestuarios. Pablo Alfaro siempre cuenta que el primer día que se midieron en un rondo le dio un codazo.

Una de sus grandes virtudes es que siempre ha querido ser el mejor y ser mejor, que son dos cosas distintas, cada partido que jugaba. Sergio, más allá de sus condiciones futbolísticas, es luz.

Da alma a los equipos en los que juega. Tiene alma y transmite alma. Eclipsa a los demás por su forma de ser, no es que quiera permanentemente llevar la contraria a los demás. Desde chaval se notaba esa luz. Era el primero que ayudaba y defendía al compañero. Tiene un gran corazón y es humilde. Demuestra que la humildad no está reñida con el dinero ni con la riqueza. Es una mezcla de humildad, grandeza y seguridad en sí mismo. Es capitán de sus equipos por antigüedad y por liderazgo dentro del vestuario».

Técnicos, ex jugadores, críticos... Hay coincidencia casi absoluta sobre el Sergio futbolista. Sus condiciones y cualidades individuales. Pirri, el que fuera pulmón del Real Madrid y de la Selección Española en los años sesenta y setenta, ha seguido su carrera desde su llegada al Madrid y siempre ha comentado que es un jugador que le recuerda mucho a él de joven. «Es una fuerza de la naturaleza. Cuando juega de lateral llega hasta la línea de fondo cuantas veces sean necesarias y con la misma intensidad en el minuto uno que en el noventa. De central tiene poso y va a más. Tiene todo para jugar en esa posición y, además, un buen desplazamiento de balón. Cuando fichó por el Madrid dije que se podría convertir en un estandarte del club y así ha sido...

Es un jugador muy completo, con una garra especial, que se entrega siempre a tope, sin dejarse nada dentro. Va muy bien de cabeza y tiene una buena técnica. Es capaz de hacer muchas funciones y eso es muy importante para el equipo. Defiende, ayuda al centro del campo y llega arriba. Me recuerda un poco a mí cuando llegué al Real Madrid. Yo también tenía 19 años. También era delantero, como él dice

GOL AL GRANADA

| Temporada 2011-12 (Jornada 18) | Estadio Santiago Bernabéu | Día 7/1/2012 |

REAL MADRID 5 | 1 GRANADA

1 Saque de esquina de Özil

que ha sido, pero yo tuve que reciclarme por necesidades del guión».

Una de las definiciones sobre Sergio que más llaman la atención fue la realizada por Uli Stielike, otro histórico del club y uno de los jugadores extranjeros más queridos por la afición del Real Madrid por la entrega y profesionalidad demostrada cuando jugó de blanco, entre 1977 y 1985. «Por la voluntad que muestra en el terreno de juego parece alemán. No se rinde nunca, siempre está dispuesto para iniciar la siguiente remontada. Ataca como si le fuera la vida en ello y defiende a muerte su zona sea en el lateral o en la posición de central. Creo que encarna el espíritu del madridismo del que siempre se habló en mi época. La lucha sin fin hasta el minuto 95 si es preciso. Su carácter le va perfecto al Real Madrid y a la Selección Española. Es un futbolista diferente».

Según avanzaba su carrera los técnicos que trabajaban con él reconocían su transformación y mejoría constante. Manolo Jiménez, su entre-

nador del filial, ya decía por aquel entonces que «Sergio puede jugar en cualquier posición de la defensa. Es diestro, pero tiene una buena zurda y no hace falta decirle que se tiene que sumar al ataque. Es algo que él tiene muy claro».

Luis de la Fuente, entrenador del juvenil del Sevilla, le tuvo muy poco tiempo en su equipo porque saltó de categoría, pero ya intuía la capacidad del chaval. «Es muy serio, sobrio y muy bueno técnicamente. Es muy completo en el aspecto físico y muy competitivo. En aquellos tiempos se sentía superior a rivales que eran dos años mayores que él».

Su primera temporada en el Real Madrid fue complicada, pero unos meses sobraron para que sus condiciones futbolísticas convencieran a los críticos especializados más exigentes. Después de su partido en Málaga, donde marcó su primer gol en la Liga con su nuevo equipo y estuvo realmente sensacional, Santiago Segurola, en su crónica de El País (12-Dic-2005), dedicaba a Sergio gran parte de su artículo.

«Sergio Ramos no espera a nadie. Tiene madera de líder y lo demuestra en cada partido, sin reparar en su edad, ni en la jerarquía de un equipo trufado de viejas estrellas, ni en las dificultades de una temporada que ya ha visto el despido del entrenador.

Sergio Ramos hizo un partido heroico en Riazor en una noche terrible para el Madrid. Desde ese día está escrito que tiene cuerda para largos años en el Real Madrid y en la selección. En Málaga sostuvo al equipo en el desabrido arranque del partido... Se impuso en todas las zonas del campo, sacó al Madrid de apuros con un cabezazo perfecto y se erigió en la figura de un encuentro desigual.

La importancia de Sergio Ramos es capital porque transmite casi todo lo que le ha faltado al

Madrid durante los últimos años: compromiso total con el equipo, actividad constante. energía competitiva y recursos futbolísticos más que estimables. No es un esteta pero tiene precisión en la pegada larga, se defiende en el juego en corto, comete pocos errores, gana la mayoría de los balones divididos y es implacable en el juego aéreo, especialmente en el área rival.

Además añade una formidable presencia de ánimo en los malos momentos, cualidad bastante rara en el actual Madrid. Ramos jugó como mediocentro, la posición que le otorgó Luxemburgo en aquel partido de Riazor. No es su posición natural pero poco importa. El chico es indispensable en cualquier lugar. Fue el héroe del partido».

Precisamente, después de ese partido de Riazor contra el Deportivo de Joaquín Caparrós al que hace mención Segurola, el técnico andaluz, que le conocía tan bien, hizo una reflexión interesante sobre el que había sido su discípulo unos meses antes y que tuvo el detalle de regalarle su camiseta. Ese día jugó de central, de mediocentro y acabó de delantero centro al final, cuando el partido estaba ya perdido.

«Sergio es Camacho. Cuando yo jugaba en el Madrid viví la llegada de José Antonio al club y tiene la misma profesionalidad, la misma personalidad, el mismo sentido del grupo. Es joven, pero valiente, siempre al frente. No se arruga. Sergio será uno de los pilares sobre los que edificará el Real Madrid su equipo del futuro. Ha tenido muy

GOL AL GETAFE

| Temporada 2011-12 (Jornada 22) | Estadio Coliseum Alfonso Pérez | Día 4/2/2012 |

GETAFE 0 1 REAL MADRID

buena escuela. Aprendió de Pablo Alfaro y Javi Navarro, dos profesionales comprometidos con su profesión y con su club, gente que vive para el fútbol, como él. Aprendió mucho de ellos porque se fijaba en todo lo que hacían…

… A mí no me ha extrañado ver a Sergio acabar el partido de delantero centro. Una vez en el Sevilla estuve a punto de colocarlo en esa posición y de salida. Lo recuerdo perfectamente, teníamos lesionados a Makukula y a Carlitos y si no lo hicimos fue un poco por miedo a la reacción que pudiera haber en el entorno del equipo, pero sus condiciones futbolísticas cuadran con las del ariete: buen remate de cabeza, buena técnica para proteger y jugar el balón de espaldas, le pega bien y fuerte al balón…».

Acertó plenamente. Su pronóstico de entonces es hoy una realidad.

Esa primera temporada en el Bernabéu tanto Luxemburgo como López Caro le utilizaron de central, de lateral y de mediocentro. El técnico brasileño incluso reconoció que no estaba muy convencido de lo que hacía cuando le puso por delante de la defensa. «No sabía que tenía tan buenas condiciones para jugar ahí. Fue un recurso, pero que resultó muy positivo».

Sergio, entonces, sí tenía sus preferencias aunque tampoco las quería decir por no molestar ni al entrenador ni a los compañeros. «Es un lujo jugar en el centro del campo», susurró después de una de sus grandes actuaciones en esa zona, «pero no tendré problema para volver a jugar de central o de lateral, es a lo que estoy más acostumbrado».

Su rendimiento dentro del terreno de juego va traspasando fronteras y Houlier, técnico del Lyon, con el que el Real Madrid se enfrenta en dos ocasiones esa temporada, le hace una confesión a Arrigo Sacchi después del partido del Bernabéu.

«Es un jugador grande. Tiene fuerza, calidad, responsabilidad, habéis fichado un jugador para mucho tiempo...».

Sus compañeros siempre han valorado también su integridad dentro del terreno de juego. Diogo, por ejemplo, en esa primera temporada comentaba que Sergio «parece uruguayo por su garra. Es un tren».

A finales de la temporada 2006-07, en una entrevista a El País, Sergio analizaba su estilo de juego.

«Es más complicado entrar en la historia del fútbol cuando eres defensa».

PRIMER GOL AL SEVILLA

| Supercopa de España | Estadio Santiago Bernabéu | Día 19/8/2007 |

REAL MADRID 3 | 5 SEVILLA

«Desde pequeño me inculcaron carácter para tirar del equipo en todas las circunstancias posibles, ayudar al compañero, morir en el campo y darlo todo. Que eso, hoy en día, no es tan normal…».

«No asimilo perder».

«Beckham es uno de los jugadores con los que mejor me he entendido. Nos entendíamos con una mirada, un gesto. Él sabía cuándo yo se la pedía al primer palo o al segundo. La ponía con la mano. En el remate de cabeza lo fundamental es la colocación».

Expulsiones. «Al principio contemporizaba menos. No sabía contener las ansias de quitar el balón al contrario. Unas décimas de segundo te hacen cometer la falta. Aprender esos detalles te va haciendo grande».

«Al principio me gustaba más jugar de lateral porque subía más al ataque, olía más el gol, que es algo que siempre me ha gustado, pero reconozco que los centrales siempre tienen más peso que los laterales en un equipo. Y ahí están los ejemplos de Hierro, Sanchís… De central hay que estar mucho más concentrado, cualquier despiste es gol».

«Aprendí a dominar el juego aéreo en el Sevilla. En los entrenamientos de las acciones a balón parado me las tenía que ver con Pablo Alfaro y Javi Navarro y sufrí algún que otro choque. Pero no me quejo. Aprendí tanto de ellos que los golpes los doy por buenos. Fueron dos espejos para mí».

En la segunda temporada de Schuster, la 2008-09, Sergio sufre una pequeña crisis de identidad táctica. El técnico le mantiene de lateral

GOL AL VALENCIA EN MESTALLA

| Temporada 2011-12 (Jornada 13) | Estadio de Mestalla | Día 19/11/2011 |

VALENCIA 2 | 3 REAL MADRID

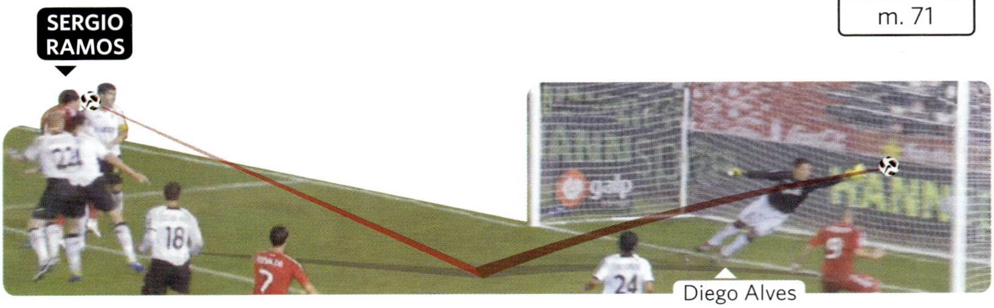

derecho, pero por delante de él en el centro del campo no coloca a ningún jugador específico y el futbolista se lamenta públicamente de la situación: «Me como todos los marrones en mi banda». El técnico le castiga con el banquillo. A raíz de esa situación Jorge Valdano, entonces columnista de MARCA, escribió un artículo muy interesante con Sergio como protagonista.

«No hablamos de un jugador cualquiera, sino de un hombre imprescindible que aporta al Real Madrid presencia desequilibrante en todo el campo: solvencia defensiva, claridad en la salida y contundencia atacante. Si le analizamos como defensa hay que decir que tiene un cuerpo privilegiado, que sabe utilizarlo para ganar todas las disputas, como si los rivales fueran seres inferiores, que sabe imponerse en todas las batallas aéreas y que cierra con la autoridad de un central. Sólo da ventaja posicional cuando se deja llevar por su ambición ofensiva.

Es verdad que la banda es muy larga para un solo hombre, pero si hay alguien que pueda ocuparla de arriba abajo es Sergio Ramos, como en otro tiempo y en el lado contrario hizo Roberto Carlos. Sabe asociarse, cambiar de frente, ofrecerse, tiene capacidad de desborde y tira diagonales temibles. En cuanto a su aporte como delantero basta por decir que sin tirar las faltas en tres años ha marcado la misma cantidad de goles que Roberto Carlos, al que siempre hemos reconocido por el lateral más letal del mundo.

PRIMER GOL EN EL CAMP NOU

| Temporada 2006-07 (Jornada 26) | Estadio Camp Nou | Día 10/03/2007 |

BARCELONA 3 3 REAL MADRID

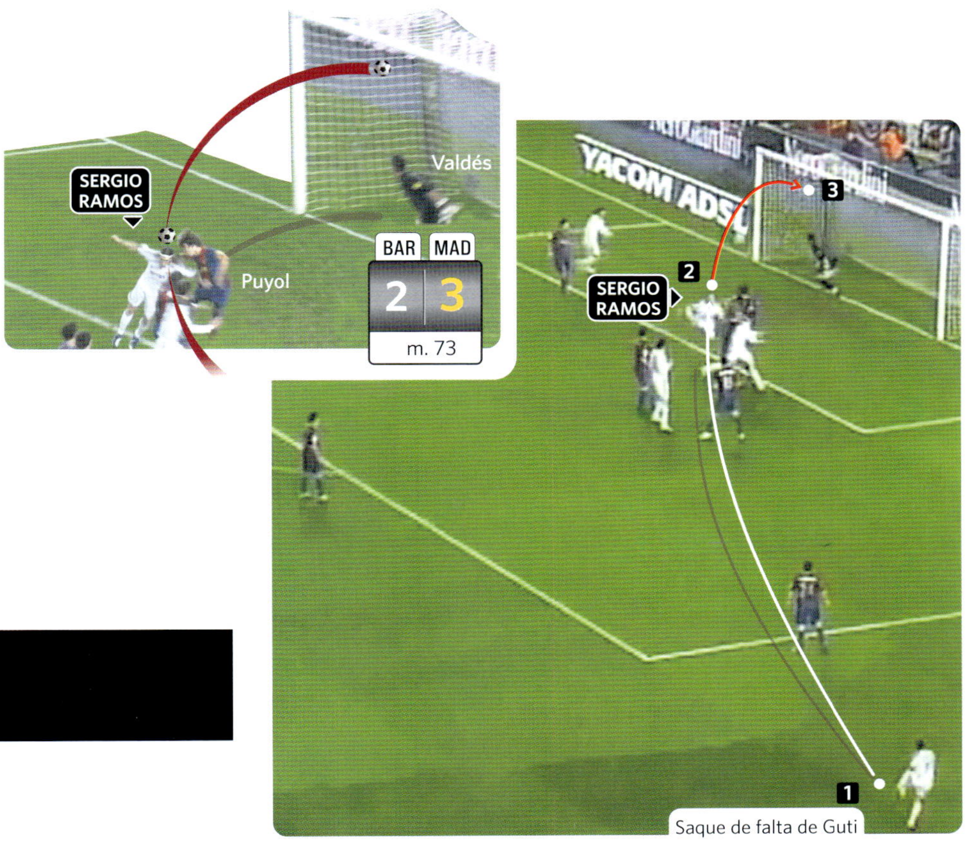

PRIMER GOL AL SEVILLA EN EL SÁNCHEZ PIZJUÁN

| Temporada 2010-11 (Jornada 35) | Estadio Ramón Sánchez Pizjuán | Día 7/5/2011 |

SEVILLA 2 6 REAL MADRID

Este rápido repaso no deja dudas. Estamos ante un jugador grande. Es por esa razón que publicada la entrevista habemus conflicto y toca gestionarlo con cuidado. Creo que es mala idea apartar a un jugador de la titularidad porque no se puede debilitar al equipo para castigar a un individuo. Quitarle la titularidad a un jugador imprescindible es prolongar la dimisión pública del conflicto».

Una constante a la largo de su carrera han sido las tarjetas y, en grado menor, las expulsiones. Su auténtico calvario. Al principio llevaba muy mal el asunto, se amargaba sólo de pensarlo. Hasta llegó a sentirse perseguido por los árbitros. Pensaba que no le medían con el mismo rasero que a otros defensas. Posiblemente ha sido la cuestión de su juego que más ha analizado con los suyos para buscarle una solución.

«Yo no me considero un jugador violento, ni siquiera duro. Yo sé que no tengo mala intención porque nunca la he tenido. Yo entro fuerte, entro con todo, pero siempre que veo que tengo posibilidad de llegar al balón. Esa es mi referencia. No digo que al principio un defensa no tenga que marcar el territorio y hacerse respetar, pero eso no quiere decir que mates a uno. Los delanteros tienen que saber que estás ahí y luego cada uno luchar con sus armas».

Reconoce que en el campo habla mucho. No para. Más ahora de central incluso que de lateral. Considera que la comunicación es clave. En los últimos años, porque de niño no sabía silbar hasta que le enseñaron su hermana y su madre, ha encontrado un buen aliado en los silbidos. Tanto como que coloca a sus compañeros a base de pitidos. Y los tiene para cada ocasión. Uno especial, más largo, para que la línea se adelante. Varios más seguidos pero más cortos para avisar al compañero de que le persigue un rival.

En el vestuario del equipo la mayoría le llaman «Churu». Se lo puso Saviola en su paso por el club. «Decía que era fuerte como los uruguayos, a los que llaman «charrúas». Como no lo soy se quedó en «churúa, churúa» y con ello me he quedado. En la selección me dicen Sergio, a veces «niño».

5

EL ONCE

DE MI VIDA

EL ONCE

DE MI VIDA

«MI ENTORNO ES MI FAMILIA, LO MÁS IMPORTANTE DE MI VIDA. SON LAS PERSONAS QUE ME DAN ESTABILIDAD PERSONAL Y PROFESIONAL».

Mi Famoso Entorno

Mi entorno es mi familia, lo más importante de mi vida. Son las personas que me dan estabilidad personal y profesional. En los primeros años, cuando empezaba en las divisiones inferiores del Sevilla, fueron cruciales para mí. Y lo siguen siendo porque siempre están a mi lado. Hasta cuando me vine a Madrid lo dejaron todo para estar conmigo. Muchos buenos futbolistas jóvenes se han perdido por no tener gente que les cuidara y aconsejara. Mi padre, José María, y mi hermano René son los que han estado más cerca, pero también fueron importantes mis abuelos, mi madre, mi hermana. Incluso amigos que conozco desde chico y que considero de la familia.

Siempre me ha molestado y aún me molesta que se hable de mi entorno sólo en plan negativo, cuando las cosas no me salen bien o hago dos malos partidos. Nunca se habla de él cuando he ganado una Liga o el Mundial con la selección. Ellos están siempre, ellos no fallan. Quiero aprovechar esta ocasión, en mi libro, para que los aficionados sepan que no siempre es verdad lo que se dice por ahí. Soy lo que soy gracias a mi entorno. Me dan coraje las críticas a mi padre y a mi hermano, que han dejado muchas cosas por estar siempre pendientes de mí. Se nos ve desde la perspectiva de ser sevillanos, andaluces, y parece que estamos siempre de fiesta. Pero ellos me han enseñado mucho de lo que

soy. Mi padre ha sabido tratarme. Nunca ha sido hombre de grandes críticas, pero tampoco de excesivos halagos.

Hubo un momento en que su intervención fue decisiva para forjar lo que soy hoy. Era yo juvenil de primer año, aunque jugaba en el equipo de Liga Nacional, y Caparrós comenzó a citarme para entrenar con el primer equipo. Fue un momento crítico. O dejaba el colegio o me cambiaba a las clases de la noche, pero tenía que hacer algo. Los entrenamientos del Sevilla eran por la mañana. Estaba perdido. Iba a exámenes sin haber estudiado nada. La directora del colegio avisó a mis padres porque faltaba mucho, aunque estuviera justificado por los entrenamientos.

Había que tomar una decisión. Recuerdo que mi padre me sentó en la salita de casa, en Tomares. Él se daba cuenta de que yo iba en serio con el fútbol. Teníamos el ejemplo de mi hermano René, que era muy bueno, incluso había llegado a equipos de Tercera división, pero no se lo tomaba en serio, no se implicaba totalmente porque le gustaban más otras cosas. Era sólo un hobby para él.

Yo llegaba «muerto» a casa todos los días después del entrenamiento. La intensidad no era la misma a la que estaba acostumbrado hasta entonces. Comía y me tenía que echar a dormir dos o tres horas para recuperar. Iba a contrapelo. Me quedaba dormido en clase y en casa, estudiando. Comencé a darme cuenta de que el fútbol de elite te exige las 24 horas. En esa charla mi padre me dijo que decidiera lo que quería hacer, pero que si elegía el fútbol tenía que hacerlo con plena dedicación. Me lo planteó como una apuesta temporal. Si todo salía bien, adelante; si no, pues después tendría tiempo para formarme.

Tanto a él como a mi madre les preocupaba que dejase mi educación de lado y luego no triunfase. Me pasé incluso al turno de noche, hasta que finalmente ya no pude seguir estudiando. El fútbol me absorbía todo el tiempo. Ahora tengo en mente ponerme en serio a estudiar inglés e ir formándome en otros aspectos. Mi padre ha sido muy exigente al respecto. Tenía plena confianza en mí, pero yo le pedía que no hablara mucho, que se callara delante de los demás padres. Es un privilegio que tu padre te transmita en todo momento ese apoyo. Después habló con René y le dijo que se preparara y formara para estar las veinticuatro horas del día a mi lado y llevar mis asuntos. Ayudarme en todo para que yo sólo pensara en jugar. La verdad es que le hizo caso. Desde entonces es mi sombra. Ahora mismo todo sigue igual. Estamos todo el día comunicados. Con mis padres y mi hermana, también. No pasa un día en que no hable con ellos. Hemos vivido todos juntos, aunque yo tuviera mi independencia, hasta hace muy poco.

Con tanto contacto es normal que mi padre me haya echado grandes regañinas siempre. Yo tengo su genio. He salido a él. Es muy claro, muy transparente, por eso se le tiene respeto. Yo también he dicho siempre lo que pensaba y eso me ha creado más de un problema. Pero son más los momentos buenos con ellos. Ver a mi padre llorar de satisfacción después de un triunfo es algo que me emociona. Él no es muy de decir cosas, pero en Navidad, que son fechas muy señaladas y nos abrimos un poco más, nunca faltó un «te quiero» o un «estoy orgulloso de ti». Yo a mi padre sólo le he visto llorar dos veces: cuando falleció mi abuelo y en el Mundial.

René es un segundo padre además de un hermano y un amigo. Toda mi vida le he contado todo-todo. Nunca le he visto desfallecer ni quejarse. Lo que le encargó mi padre era un reto personal, un compromiso. Reto mutuo para mí y para él. Soy lo que soy gracias a mi entorno.

La verdad de... mi llegada al Madrid.

Fueron momentos inolvidables. Una vivencia de la que aprendí mucho. Yo era un niño. No tenía experiencia. No había ganado nada. El Real Madrid para mí era de otra galaxia. Creía que era algo inalcanzable. Mi sueño de toda la vida había sido ser futbolista del Sevilla. Yo además era sevillista de corazón. Iba con los «Biris» al Pizjuán. Mi segundo equipo era el Deportivo porque los «Biris» y los «Riazor Blues» estaban hermanados. Por eso yo tenía la bandera del Deportivo en mi habitación y tenía la camiseta de Bebeto y un poster de Rivaldo.

Fueron un par de meses duros y eso que mi padre y René intentaron mantenerme al margen. Al finalizar la temporada se escuchaban rumores. Había conversaciones. Los periódicos hablaban todos los días del asunto. MARCA fue a Tomares a hacerme una entrevista. Ellos me dijeron que disfrutara del verano. Ese año primero me fui a La Línea con mis amigos, a la playa de la Alcaidesa, y luego a Zahara de los Atunes con mi familia.

Comenzó la pretemporada y viajé a Shanghái de gira con el Sevilla. Se hablaba más de Baptista que de mí. Pero a la vuelta me dijeron que el asunto era más serio de lo que parecía. Mi padre me preguntó si estaba preparado para el salto y para superar la presión que podía surgir con el Sevilla. Le dije que sí, que adelante. Comencé a ponerme un poco nervioso porque empezaba a hacerme a la idea de lo que se me venía encima.

A finales de agosto hubo una concentración de la selección y mi hermano y yo tramamos la idea de presentarme con un traje blanco

para darle un poco de ironía al asunto pues había cierta tensión en el ambiente. Me lo compré nuevo. Me dio suerte porque al final todo salió bien. Entré en la concentración como jugador del Sevilla y salí como jugador del Real Madrid. Los compañeros de la selección me la prepararon buena, me tomaron el pelo: que si iba de gala, que si iba de boda... Joaquín también llegó con un traje claro, beis. Nos lo compramos en la misma tienda.

Al final todo salió bien aunque lo pasé mal y me di cuenta de la «mafia» que hay en el mundo del fútbol, como en otros ámbitos. Tuvimos una conversación muy desagradable con el presidente del Sevilla. Fue en su despacho. Nunca lo he querido contar pero creo que es el momento de que la afición sepa lo que me dijo. Ya había jugado el primer partido de Liga y quedaban tres o cuatro días para el cierre del mercado. Me dijo que jamás un canterano iba a ganar dinero en el Sevilla. Me molestó mucho, aunque fuera un chaval, y le contesté que no olvidase nunca que si el Sevilla era grande lo era por los canteranos y los jugadores de la casa. A los que menos se había valorado siempre.

Nosotros, unos meses antes, habíamos presentado al club, cuando ya se hablaba de que me querían muchos equipos de España y de fuera, un contrato vitalicio que no aceptó. Era un contrato en blanco de diez años con la única condición de que queríamos ganar lo mismo que el que más ganase de la plantilla, que eran siempre los extranjeros porque la misma filosofía que me aplicaba a mí la tenía para todos los demás canteranos. Le dije al presidente que me parecía muy bien que se pagara a los de fuera, pero que también se reconociese a los de casa y se les valorase en su justa medida.

Finalmente se consumó el traspaso. Porque fue un traspaso. La gente sólo sabía una versión de la historia, la que contaban ellos, y durante todos estos años se han metido conmigo cuando he jugado en el Pizjuán. Pero la verdad es que el Sevilla me vendió como ha vendido a otros jugadores. En un principio yo quería haber dado una rueda de Prensa para explicar la situación y sobre todo despedirme de la afición, aunque tal y como estaban los ánimos los míos me aconsejaron que no lo hiciera, que no removiera las cosas. Pero el tiempo pone a todo el mundo en su sitio.

Mi llegada a Madrid fue excitante. La presentación, el estadio, la afición. Yo me había hecho una idea de lo que podía ser, pero no me lo imaginaba tan espectacular en todos los sentidos. Entonces no era consciente de todo lo que podía pasar en esta casa. El primer año ya me fui dando cuenta. Cambio de entrenador, de presidente… Pensé ¿dónde me he metido? Y encima el Sevilla comenzó a ganar títulos, cosa de la que yo me alegraba. Menos mal que el segundo año ganamos la Liga. Aquí no ganar es una tragedia. El Real Madrid está siempre en portada. Tiene una dimensión enorme. Y yo comencé a convivir con los que eran mis ídolos. Sólo vestirme entre Roberto Carlos y Zidane me aceleraba el pulso. Y Ronaldo. Y Beckham. Raúl y Casillas, a los que conocía de la selección, me ayudaron mucho. Siempre estaban pendientes de mí.

El sentirme campeón

Una de las razones por las que un chaval joven como yo firma por el Real Madrid es ganar títulos. Y ahora que ya llevo ocho temporadas reconozco que el primero, la Liga de Capello, lo disfruté y celebré a lo grande. Fue el más familiar quitando los de la selección. Siempre se habla de la primera vez y es verdad. Después el tiempo y el fútbol te hacen más duro. No es que seas menos persona, menos sensible a los éxitos o tengas menos calidad humana, pero el futbol te enseña a base de palos. Como la vida.

Estar con mi familia después del partido contra el Mallorca fue muy emocionante. Sentí que comenzábamos a verle el color al paso que habíamos dado. Vinieron al Bernabéu mis abuelos maternos, Reyes y Juan, y se hicieron fotos con la Copa.

El partido anterior, en la Romareda, fue la clave. ¡Menos mal que Tamudo marcó ese gol al Barcelona, lo teníamos crudo! El presidente, Ramón Calderón, dio la vuelta al campo sin ser todavía campeones. Esas cosas a mí me dan mala onda. El Mallorca se adelantó en el Bernabéu con un gol de Varela, que había sido del Betis. Pensé en lo peor. ¡Cómo corrían los del Mallorca! Reyes empató, Diarra marcó de cabeza y Reyes logró el tercero.

Al año siguiente repetimos ya con Schuster. El partido de Pamplona, donde nos proclamamos campeones, también fue de infarto. La jugada del gol de Higuaín la comienzo yo por la derecha. Subo, se la doy a Diarra y él al «Pipa». ¡Cómo llovía!

Algo que me ha impresionado mucho han sido todas las visitas que hemos hecho a Cibeles. Esta última vez, con la tercera Liga, observaba las calles que van a dar la plaza y era extraordinario ver tanto madridismo junto. Ver la calle Alcalá hasta la Puerta de Alcalá y, por el otro lado, el Paseo del Prado, la Castellana… Son los momentos que más disfrutas de la afición, los ves tan cerca desde la fuente o en el autobús descapotable que te dan ganas de bajarte con ellos a celebrar.

Esta última Liga también la hemos festejado a lo grande por lo que ha significado y por los números que hemos conseguido, que creo que van a ser insuperables, ante el mejor Barça de la historia. Deberían dar dos Copas en casos como estos. Lo mismo que en la anterior con Pellegrini. Llegamos a 96 puntos. En este club existe esa exigencia de ganar y ganar, pero creo que Pellegrini hizo un gran trabajo. Le admiro. Es una gran persona.

No puedo pasar por alto, claro, la anécdota de la Copa, cuando se me cayó el trofeo al suelo. Ya forma parte de mi historia. Estábamos llegando a Cibeles, iba en el piso de arriba, delante, con la Copa cogida con las dos manos. El autobús frenó un poco y yo me fui hacia adelante. Como estaba la barandilla apoyé el pecho y los codos y no pasó nada, pero al irse para atrás el autobús yo me fui para atrás también. Había un escalón y para no caerme solté una mano del trofeo para agarrarme e intenté sujetarlo sólo con la otra, pero con el movimiento se cayó. Pesaba mucho, casi veinte kilos.

La verdad es que los compañeros no me dieron mucho la lata con el asunto. Mourinho me preguntó qué había pasado y me dijo que lo importante era ganarla, que no me la iban a quitar del currículo porque se hubiera caído. Además en el club tenían preparada una réplica por si pasaba algo y al día siguiente ya estaba la otra para ir al Ayuntamiento y la Comunidad.

CORAZON ROJO.

Debuté con la selección como jugador del Sevilla, en Salamanca contra China. Dio la casualidad de que cuatro días después, el 30 de marzo, jugamos frente a Serbia. Era mi cumpleaños. Cumplía 19 y le dije a Luque, con el que me llevaba muy bien, que me dejase ese número, que era el de su camiseta, porque iba a ser titular. Yo elegía dorsal el último.

Mi primer Mundial fue el de Alemania, aquél en que íbamos a jubilar a Zidane y «Zizou» nos pintó la cara. Nuevo proyecto para España. Era un buen grupo, una mezcla de jóvenes y veteranos pero que a lo peor aún no estaba muy trabajado. Fue un palo largo, yo estaba todavía de aprendizaje en la selección. Francia era un equipo veterano y parecía que estaba muerto, pero su experiencia fue un grado en el partido contra nosotros. Lo mismo nos sucede ahora a nosotros. Ganamos partidos porque sabemos lo que tenemos que hacer en cada momento. Puede que entonces no valorásemos al rival lo suficiente. Fue una desilusión para mí porque era mi primera gran competición, nada menos que un Mundial. Aprendí mucho de lo que pasó allí en Alemania y después en la fase de clasificación para la Eurocopa, cuando Luis dejó de llamar a hombres importantes que para mí lo eran todo porque algunos eran compañeros de equipo y los había encontrado en la selección cuando llegué.

Aprendí a callarme y escuchar. Lo pasamos mal. El técnico y nosotros recibimos críticas muy fuertes, pero supimos sobreponernos. El gran momento fue en Dinamarca. Teníamos que ganar o ganar. La presión de la Prensa era tremenda. Nos estaban dando caña de verdad. Se nos lesionaron Villa y Torres y jugó Tamudo. Hicimos un partidazo. Nuestra filosofía, nuestro estilo de juego, comenzó a dar los frutos que no había dado en Alemania. Nos salió perfecto. Yo tuve la suerte de marcar el segundo gol después de una jugada maravillosa de todo el equipo. Se lo dediqué a mi sobrina Daniela, que venía en camino.

Llegamos a la fase final y la realidad es que lo pasé mal. Tuve mis problemillas con Luis, pero creo que al final me ayudaron para terminar jugando a un gran nivel. No comencé bien, aunque en la final me encontré fenomenal y me dio rabia no marcar en aquel remate que me sacó Lehman en la escuadra. Dudé entre cruzarla o rematar al primer palo, pero vi la pelota dentro.

En esa Eurocopa, y en general con la selección, me ha faltado suerte ante el gol. He tenido en todos los campeonatos ocasiones para marcar y no lo he hecho hasta el penalti a lo Panenka de esta última Eurocopa. Por supuesto que lo importante es que gane el equipo, pero como futbolista siempre es bueno marcar un gol y más si eres defensa, porque queda grabado para siempre en los libros.

El triunfo en Viena fue un golpe en la mesa. Una demostración de lo que era la selección. En ese momento, en caliente, no te das casi cuenta de lo que has conseguido. Personalmente comencé a asumirlo cuando regresamos a España y vimos cómo estaba la gente en la calle. Yo nunca había visto Madrid así en mi vida. Luego ha sido como una cadena, el Mundial, la segunda Eurocopa... pero aquella primera creo que se celebró y saboreó más por la sequía de la que veníamos.

Como futbolista, por supuesto, te da más repercusión ser campeón del mundo. Pero la primera vez nunca se olvida. Nuestra celebración fue especial. Volvimos a Neufting y lo celebramos todos juntos, como si fuéramos una familia, con todos los que habían estado a nuestro lado durante todo el Campeonato. La gente de allí nos trató de maravilla. Cenamos en una pizzería y luego fuimos al pub al que solíamos ir durante el Campeonato cuando nos daban libre. Allí fue donde Luis se subió a una barra a bailar como uno más de nosotros.

El míster era un espectáculo. No dormía. Se quedaba allí en el hotel hasta las tantas de la madrugada, subía a su habitación y a las tres horas ya estaba abajo. Las charlas que nos daba eran tremendas. Nos decía que si no ganaba la Eurocopa con el equipo que tenía era una mierda.

Luego nos vino la Copa Confederaciones y fuimos dispuestos a ganarla porque cuando saboreas la victoria te acostumbras y ya no quieres perder más. Queríamos, además, jugar la final contra Brasil. Nos apetecía ese partido. No creo que mereciéramos perder ante Estados Unidos. Fue el clásico día tonto en el que generas veinte ocasiones de gol y no entra ninguna.

Llegó el Mundial. Nuestro estado de confianza era mayor. Se decía que la favorita era España. Pero nosotros no hacíamos caso. A nosotros nos llevó al éxito de la Eurocopa la humildad y esa debía seguir siendo nuestra filosofía. Nos conocíamos a la perfección, era nuestra gran ventaja. Estábamos convencidos de que podíamos ser campeones, pero no sacábamos pecho.

La derrota ante Suiza nos bajó un poco a la tierra. Sobre todo de puertas para afuera. Llegaron las críticas. Todo nos había ido de cara y cuando escuchas, lees, hablas con España y te dicen que había cierta desilusión puede que también dudes de ti mismo. Tengo que reconocer que yo sí llegué a pensar «pierdes otro y para casa».

El día de Chile, el tercer partido, había tensión y presión. La música en el autobús y en el vestuario sonaba más baja. Ese día la gente iba con su propia música, con los auriculares, para concentrarte mejor. Yo mismo, que era quien me encargaba de poner el dvd, iba con mi propio ipod. Todos estábamos en nuestro mundo. Piensas que estás jugando un Campeonato del Mundo y si pierdes te puedes ir a casa.

Se ganó y todo cambió de negro a blanco. El equipo anímicamente dio un paso al frente. Intensificamos nuestras reuniones para estar más unidos si cabía. No sólo se hablaba del juego o del partido, se hablaba de todo. El día de Paraguay, cuando el árbitro pita el penalti de Piqué, me vi fuera, en el avión de vuelta. Es una reacción instantánea. Pero rápido pensé en Iker, en la confianza que todos tenemos en él y más en los penaltis. El destino estaba escrito, Iker tenía que pararlo y nosotros teníamos que ser campeones. Y lo fuimos. La final fue un sufrimiento, pero cuando el árbitro pitó pensé que era campeón del mundo y en cómo tenía que estar mi familia.

No hay dos sin tres. Ese era nuestro lema. Nos mentalizamos a que del pasado no se vive y que teníamos que dar otro golpe en la mesa para seguir siendo mejores. Era un reto personal que nadie había conseguido. Como ahora es un reto estar en Brasil y ganar. Es en lo que pensamos. Ganar otro Mundial para morirse tranquilo… y muy tranquilo.

Llegué a la Eurocopa de Polonia y Ucrania con la euforia de la Liga y la decepción de la Champions. Desenchufé y me puse a pensar en la selección. Me corté el pelo y decidí cambiar de look. Pensaba que se había acabado un ciclo. Iba a pasar a jugar de central por la lesión de Puyol. Me puse sólo Ramos en la camiseta, otro ciclo. Cambiar un poco. Pensé también en coger el dorsal 4, como en el Madrid. Pero me lo pensé mejor y decidí seguir con el 15 rojo por Puerta y el 4 blanco.

Fue mi mejor competición de las tres. La más completa. Me salió todo bien de principio a fin. Contra Portugal me eligieron mejor jugador del partido. Y la final fue apoteósica.

Mi siempre amigo Antonio Puerta.

Antonio me sacaba dos años. Era del 84. Coincidimos por primera vez en un equipo en el juvenil de División de Honor, aunque nos conocíamos perfectamente de vernos todos los días en la Ciudad Deportiva. El era de Nervión y yo de Camas y daba la casualidad de que él con sus colegas y yo con los míos coincidíamos también en los mismos lugares cuando salíamos a tomar algo y nos saludábamos siempre. Pronto hicimos muy buenas migas. Él era extremo izquierda. Mis padres también coincidían con los suyos mientras entrenábamos y solían tomar café juntos. Luego fuimos juntos a la selección sub 21 y cuando debutó en la absoluta yo ya estaba allí.

Estando el Sevilla, Puerta se quedó en el Sevilla Atlético, aunque entrenaba con nosotros, y yo subí al primer equipo. Siempre estábamos pendientes de Jesús Navas, que entonces tenía sus problemas y éramos como sus padres adoptivos.

Finalmente, Puerta también subió con Caparrós y éramos el trío, como nos decían. Teníamos una amistad tremenda. Pocos días antes de su muerte habíamos disputado la Supercopa. Habíamos hablado.

Siempre estaba en contacto con él por mensajes. Se rumoreaba que el Real Madrid también quería a Puerta, que Pedja Mijatovic había preguntado por él. Antonio me preguntó si sabía algo al respecto. Me dijo que Pedja le había dado un toque, que le veía como el sustituto de Roberto Carlos.

Desde que el sábado se desmayó contra el Getafe estuve en permanente contacto con la familia. Mis padres también. Después de jugar nosotros viajé a Sevilla, para visitarlo en el Hospital Virgen del Rocío, que casualmente es donde yo nací. Me quedé todo el día allí, pero no pude entrar en la UCI a verle ya que sólo podían acceder dos personas y lo hacían sus padres. Como yo tenía entrenamiento al día siguiente cogí un AVE a Madrid y durante el viaje me puso un mensaje Kepa, que también tenía una relación muy estrecha con él, y me dijo que Antonio no hablaba, que estaba frío.

Me dio mucha rabia no haber podido verle. Por supuesto que prefiero quedarme con la imagen que yo tenía de él, pero me hubiera gustado cogerle la mano, haberle dicho algo, aunque no me escuchara. Yo tenía una esperanza inmensa en que se iba a salvar. Era joven, fuerte, lleno de vida. La familia Ramos se volcó en todo momento con la familia Puerta.

Cuando nos enteramos del fallecimiento el Real Madrid reaccionó rápido y bajamos a Sevilla el presidente Calderón, Mijatovic, los capitanes Iker, Guti y Raúl y por supuesto yo. Me fui directo al Pizjuán a la capilla ardiente y luego quise ser uno de los que llevara su ataúd hasta el cementerio. Yo he ido a muy pocos entierros en mi vida. Al de Antonio y al de mi abuela Reyes, porque al de mi abuelo paterno mi padre no quiso que fuese.

Fue inolvidable para mí ver a toda Sevilla volcada. Son momentos que cambian tu vida. Fue emocionante y trágico. Desde entonces Antonio está conmigo. Por eso al siguiente partido el equipo salió con su camiseta en el campo del Villarreal y durante mucho tiempo he llevado debajo una dedicada a él. La Eurocopa de Suiza y Austria él la jugó con nosotros. Seguro que Luis le hubiera llevado porque un día me dijo que contaba con él. Por eso subió al palco a recibir el trofeo y dio la vuelta de honor. Estaba con nosotros en esa camiseta blanca que yo llevaba puesta. Todos mis compañeros iban de rojo y yo de blanco. Era mi gran homenaje al amigo que me faltaba.

Siempre le recordaré con la broma, con su alegría. Iba a tener un hijo. Nunca le había visto tan estable como estaba entonces. Más serio, responsable, sólo pensaba en el fútbol, en su novia y en el niño que venía en camino. No salía tanto con sus amigos. Antonio era transparente. Amigo de sus amigos. Cercano, chistoso. Me llamaba «boca» y «gitano». Él andaba con los pies abiertos y yo le decía: «Quieres cerrar los pies chico, que pareces un pato mareado».

HUBLOT

LAS NIÑAS DE MIS OJOS...

De momento y hasta que tenga hijos, que los pienso tener porque me gustan mucho, en mi vida hay tres debilidades femeninas: mi madre, mi hermana y mi sobrina Daniela. La cuarta debilidad fue mi abuela, pero a ella le voy a dedicar un apartado especial.

Yo soy muy «madrero», para que voy a engañarme ni a engañar a nadie. Para mi madre su ojito derecho es mi hermana y yo soy el izquierdo por la devoción que tiene por mí a causa del fútbol. La confianza que tengo con mi madre sorprende a todos mis amigos. Le cuento todo, todo, no tengo pelos en la lengua. Es más una amiga que madre.

De pequeño mi padre era el malo de la familia. El que castigaba, el que si hacíamos algo mal nos echaba la bronca. Mi madre era mi aliada, hacía el papel de buena. Si mi padre me castigaba sin salir a jugar con la pelota o me hacía volver pronto a casa yo iba a mi madre y nos «pasaba más la mano» y conseguía que mi padre rectificara.

Eso no quiere decir que si tenía que pegar un grito o coger la zapatilla, que imponía más, no lo hiciese. No nos pegaba, pero cuando nos reñía siempre tenía la zapatilla en la mano. No la utilizaba, pero era su arma para que le hiciéramos caso.

En mi familia siempre hemos sido muy detallistas para los regalos y no esperábamos a que fuera el cumpleaños de alguien o Na-

vidad. Yo había veces que iba a un chino y le compraba a un chinito una flor para mi madre y se la traía.

El primer regalo así serio que me parece que le hice fue una cadena. Esa fue buena. Ella tenía una cadena de oro que había sido de mi abuela. A mí con catorce-quince años me gustaban los colgantes y esa cadena me gustaba mucho, era preciosa. Sin que mi madre se enterase yo iba a su joyero y muchas veces la cogía y me la ponía.

Uno de esos días me la llevé al entrenamiento y me la debieron de quitar de la mochila. No teníamos taquilla como ahora, aunque durante un tiempo también pensé que se me podía haber caído en el entrenamiento y me pasé un mes buscándola por el campo casi en penumbra porque lo hacía después del trabajo, cuando ya no quedaba nadie y estaba oscureciendo.

Me recorrí mil veces ese campo de la Ciudad Deportiva y nada, no la encontré. Por eso pienso que me la quitaron. Mi madre de cuando en cuando me preguntaba por la cadena y le decía que la tenía yo, que ya se la devolvería. Claro está, nunca se la devolví porque no la tenía y ella lo supo desde el primer día, pero tampoco me decía nada salvo pedírmela para ver qué le contaba yo.

Con los primeros dineros que gané fui a una joyería y le compré la que más se parecía. No era la misma, pero por lo menos restituí lo que había perdido; a mi madre también le gustó y el significado sentimental lo tiene.

Mi madre ha sido la que más ha sufrido con el fútbol por su forma de ser. Es tan buena persona, como mi hermana, que sufren más de lo normal, más que el resto. Mi padre tiene el «culo pelao» de todo lo que ha vivido y mi hermano y yo seguimos aprendiendo a base de golpes. A ellas les cuesta más, tienen otra perspectiva de la vida. Viven en su burbuja. Creen que todo el mundo es bueno, sincero y sencillo, pero de esas personas ya quedan pocas y ellas lo sufren mucho más.

Mi madre siempre me estaba haciendo regalos. Todavía hoy sabe dónde darme y acertar en cada momento. Sabe mis gustos. El último regalo ha sido un anillo de oro, que también ha regalado a mis hermanos. Los tenemos los tres. Está grabado por dentro con una inscripción que dice: «Tu madre que te quiere con locura».

De niño recuerdo especialmente cuando me compró unos botines buenos. Nosotros llamamos botines a las zapatillas de deporte. Fueron unas «nike» plateadas azul marino con cámara de aire. Qué contento me puse, no me las quitaba nunca. A nosotros en casa, en aquella época, no nos ha faltado nunca para comer y para algún caprichito también había. A lo peor en la época de René, unos años antes, habían pasado unos momentos de más fatiga, más difíciles.

Mi hermana Miriam es mi debilidad. Si hubiese encontrado una mujer como ella ya llevaría tiempo casado y con niños. Es la única niña de la casa. Es unos meses mayor que yo, pero siempre fuimos de la mano a todos los lados. Es especial. Es un encanto. Yo de pequeño no la dejaba jugar conmigo. Salíamos con los mismos niños, el mismo grupo de amigos, y yo no la dejaba estar, le decía que tenía que ir con las niñas. Ella iba corriendo a contárselo a mi padre y la colleja siempre me la llevaba yo. Encima me hacía burla y se reía de mí porque sabía que a ella nunca le iban a dar el «cosque». Dormía con mi hermana casi todos los días. Compartía habitación con René, pero como él siempre llegaba después o se iba más tarde a acostar, yo me iba con Miriam.

Se casó el verano pasado y fue uno de los grandes días de mi vida, que podía haber formado parte independiente de este once.

Lloré. ¡Lo que pude llorar! Yo siempre he sido de pocas lágrimas, pero con el tiempo me estoy ablandado, me estoy haciendo más sensible. Ahora soy más blandito. La felicidad de verla dar el paso más importante de su vida me emocionó. Miriam no es una niña normal en el sentido de que siempre ha estado muy refugiada en la familia. Y ese día estaba dando un paso muy importante. Se suponía que a partir de ese momento iba a ser más independiente, pero han pasado unos meses y la realidad es que lleva la misma vida que antes, está todo el día con la familia y con su marido, claro. Que es amigo muestro, de los dos, desde niño.

El momento en el que me eché a llorar fue cuando subió al altar. Ya antes en el hotel Alfonso XIII, donde tenía su habitación, me saltaron algunas lágrimas al verla tan guapa. Pero cuando entró en la iglesia y nos miramos a los dos nos costaba mantenernos la mirada. A ella también se le humedecieron los ojos y no se lo podía permitir para que no se le corriera el rímel. A mí me daba igual llorar como un niño chico. Además las dos últimas veces que había llorado había sido de pena, en los entierros de mi abuela y de Puerta. Y ahora era de alegría.

Hasta hubo miembros de mi familia que se sorprendieron de verme llorar. Para muchos fue un gran impacto. Me daba igual. Era emoción y me salía de dentro. Fue una llorera buena y si la miraba, volvía a llorar. Fueron un cúmulo de sensaciones que me gustaría vivir a mí también. Miriam y yo compartimos todos los gustos, pensamos lo mismo. No se puede discutir con ella por su forma de ser, es muy sensible y si alguna vez regañamos se viene rápido abajo. Si nos enfadamos por algo es como mi madre, no pueden pasar dos días sin que nos hablemos. Ellas vienen a hablar conmigo porque yo soy un poco más orgulloso para eso. Bueno, antes más que ahora. Hace años nunca pedía perdón, ahora cuando creo que me he equivocado sí lo hago.

La tercera niña de mis ojos es Daniela, la hija de René, mi única sobrina. Tiene ahora cinco años. Me gustaría que mis hijos fueran como ella. Me hace ilusión ser padre. Siempre tuve afinidad con los niños. Es la primera sobrina para nosotros y la primera nieta para mis padres. Y como ya he repetido con anterioridad soy de los que piensa que la primera vez es todo diferente. Cada vez que la veo, y estoy mucho con ella porque viene a Madrid o yo bajo a Sevilla, me entran ganas de tener hijos. De hecho es como si fuera hija mía. Le dediqué aquel gol en Dinamarca con la selección, aunque no había nacido. Es una niña guapa, simpática. En la familia es la niña bonita, el ojito derecho de todos. En esta última Eurocopa me daba envidia sana ver cómo compañeros compartieron el título con sus hijos en el campo después de la final. Yo tuve la gran suerte de que mi Daniela estaba allí, en el césped, para disfrutarlo conmigo.

Me llama «Titi» y yo a ella «gorda» o «mi Daniela». Vive en Sevilla con su madre. Al Bernabéu viene cada dos por tres.

Reyes, mi abuela del alma.

Mis abuelos maternos vivían en Camas relativamente cerca de nosotros. Ellos en el pueblo-pueblo, cerca del campo de fútbol, y nosotros «arriba» en una urbanización que se llamaba Atalaya. He pasado más tiempo con ellos que con mis abuelos paternos. A mi otra abuela, Nena, no la llegué a conocer porque murió antes de nacer yo. Mi abuelo Pepín falleció cuando yo tenía 14 años.

Todos los días pasábamos por casa de mis abuelos maternos. Cuando jugaba en el Camas me iba corriendo del campo a su casa y después, cuando veníamos de la Ciudad Deportiva del Sevilla, siempre íbamos a verles. Los domingos comíamos en su casa o nos íbamos toda la familia al campo, a casa de unos tíos que vivían en Alcalá de Guadaira.

A mi abuela Reyes le gustaba mucho el fútbol. O mejor dicho, le gustaba mucho su nieto. Veía los partidos por la tele e incluso iba al Pizjuán. Cuando me daban una patada me regañaba: «Tú por qué dejas que ese te de una patada, como le coja yo le voy a romper la espinilla», me decía siempre.

Mi abuelo era futbolero y torero. En Camas los toros son una pasión. Por algo hemos tenido a Curro Romero y Paco Camino. Era abonado del Sevilla. Al principio el ojito derecho de mi abuela era René, pero según fui creciendo comencé a ser su preferido. Me decía «¿cómo está mi churra, cómo está mi cojones gordos, cómo está mi rubio..?». Así me llamaba.

Un día estábamos en su casa y le dije que con mi primer sueldo le iba a poner un cuarto de baño nuevo. El que tenían era ya muy viejo, muy pequeño, parecía uno de un «play-móvil». Era hasta peligroso porque tenía un escalón y un banquito para entrar. Lo cumplí. Y el día que fui con el dinero para dárselo me dijo que por qué no le ponía también la cocina. Se la puse. Pocos meses después me pidió el comedor y lo que hice fue comprarle una casa cerca, mucho más moderna y cómoda. Era mejor que ir poniendo parche que te parche a la antigua. Ahora vive allí una tía mía.

Disfrutaba como la que más con su nieto futbolista. Hasta que se lo permitió la salud iba siempre con mi abuelo al fútbol. Falleció en 2011, el 9 de julio. Yo tenía una boda de un amigo mío en Sevilla y el día 11 me tenía que ir con el equipo a Los Ángeles. Me di otra buena panzada a llorar. Las Navidades anteriores se había puesto muy mala. Estábamos en la finca y tuvo que ir una ambulancia a por ella. Tenía Alzheimer y los últimos seis meses de su vida no se los deseo a nadie. Me desesperaba ir a visitarla y comprobar cómo iba degenerando. Es muy duro. En esas situaciones, aunque suene fuerte, quizás es mejor una solución más rápida y no con tanto sufrimiento para todos. Cuando murió yo estaba echándome la siesta. Me despertó mi hermana llorando. En el féretro, dentro del cuarto, la metimos mi madre y yo. La pusimos su vestido morado preferido. Y ese es mi color preferido, el morado. La enterramos en el mismo cementerio de mis dos abuelos paternos.

La recuerdo siempre como una mujer alegre, que me sacaba a bailar aunque no podía ni moverse con la rodilla como la tenía. Le dieron seis meses de vida a causa de un cáncer y duró veinte años más. Mi gran satisfacción es que pudo llevarse mis alegrías, que pudo ver mis mejores momentos. Sólo le faltó ver a mi hermana casarse. Con ella tenía una relación superespecial.

Ahora le dedico a ella todos los goles mirando al cielo. Antes eran para mis abuelos paternos, Pepín y Nena.

Tres Grandes Sabios

De todos los entrenadores que he tenido, y han sido bastantes, muchos diría yo, he aprendido cosas. En mi época de las inferiores del Sevilla y después en el Real Madrid. Pero tres hombres creo que tienen una especial influencia en mi carrera: Caparrós, mi descubridor; Luis Aragonés, que me hizo debutar en la selección y luego apostó por mí a pesar de la competencia, y Vicente del Bosque, que ha mantenido esa confianza y me hace sentirme un jugador importante.

Sería injusto no citar, aunque no haya sido directamente mi entrenador, a Pablo Blanco, secretario técnico del Sevilla cuando yo llegué con ocho años y que sigue en su puesto, lo que habla de sus conocimientos y calidad humana. A él fue al primero que le escuché decir que yo era jugador para el Real Madrid. Tenía apenas 16 años.

Comienzo por Joaquín Caparrós. Un hombre vital en mi carrera. Un entrenador valiente que siempre apostó por la cantera y por eso llegamos donde llegamos jugadores como Navas, Capel, Puerta, que en paz descanse, Reyes, yo mismo y muchos más. Venía a ver nuestros entrenamientos. Mi padre lo veía, pero no me decía nada para que no me pusiera nervioso. Lo admiro por su valentía. El club había fichado a Baptista y Dani Alves. Navas ya estaba. Nos subió a Puerta y a mí. A Alves lo sentó por mí. Tenía plena confianza porque me conocía de dos años. Luego pasó a Navas a la izquierda para poner a Alves a la derecha, pero como interior. No todos tienen esa valentía. Yo sólo había jugado en albero y de día, no había jugado ni con focos. Caparrós representa la entrega por el fútbol. Contiene los valores del fútbol. Es un enfermo, en el buen sentido, de este deporte.

Tengo varias anécdotas con él. La que mejor le define ocurrió cuando yo ya empezaba a entrenarme con el primer equipo y teníamos un partido amistoso cerca de Sevilla. Era lo que llamábamos la «Champiñones Lui». Jugábamos los jóvenes y los que menos minutos solían disputar en los partidos oficiales. Estábamos citados en el estadio. Pero tuvimos un problema con el coche y llegamos justo cuando el autobús del equipo salía. Mi padre se puso delante para que parara y yo me pudiera subir. Caparrós le dijo al conductor que siguiese, que no parase. ¿Qué hacemos, me preguntó mi padre? Y él mismo se contestó. «Vamos a seguirle y te llevo en el coche hasta el campo». Mientras, yo intentaba conectar por teléfono con el delegado del equipo. Fuimos detrás del autobús cuarenta kilómetros, hasta una estación de servicio donde el equipo paró para tomar la merienda.

Llegamos y nos fuimos hacia el técnico. Intenté explicarle que habíamos pinchado, que había mucho tráfico. Mi padre le pedía disculpas... Pero nada. «Ya verá como después de esto usted no vuelve a llegar tarde en su vida. ¿Cómo un chico de 16 años ante esta oportunidad puede llegar tarde? Para la próxima se trae un colchón la noche anterior y duerme donde quedemos».

Tuvo razón. No volví a llegar tarde en mi vida.

Una de las cualidades que siempre me llamó la atención de Joaquín fue que mantiene una comunicación constante con el jugador. Te motiva, te da tal confianza que cuando sales al campo te crees el mejor aunque estés debutando y tengas 16 años. Otros no tienen esa mano izquierda. Cuando debuté en Riazor me dijo: «Chaval, juega como tú sabes y como siempre lo haces».

Otra anécdota con Caparrós pasó en mis primeros entrenamientos con el primer equipo. Estábamos en un rondo y sin querer le di una patada a Marañón. Estaban en el rondo Pablo Alfaro y Javi Navarro. Marañón me llamó niñato. Me disculpé. «Ha sido sin querer, queriendo no te voy a dar». Caparrós, que vio el incidente, se acercó a preguntar. Y cambió el ejercicio que estábamos haciendo. Se hizo la calma y cuando el técnico se marchaba me dijo al oído: «La próxima se la pegas más fuerte para que no se queje».

A los canteranos nos daba mucho «azúcar», pero no dejaba que nos viniéramos arriba. Humildad y trabajo, esas eran sus dos palabras. Me impresionaba cómo manejaba el equipo la semana de los derbis contra el Betis. Nos empapelaba todo el vestuario con declaraciones de ellos, con recortes que yo no sé de dónde sacaba. Y ponía mensajes: «Estos nos quieran quitar la grasa, o el pan de la familia».

Con Luis Aragonés tuve una relación especial. Con nuestras cosas, que además trascendieron más de lo que debían. Pero le estaré siempre agradecido. Él era como era y yo entonces, que era más joven y no me callaba nunca, también era como era.

Recuerdo que en mi segundo partido, en Belgrado, yo cumplía 19 años. Me puso de titular. El campo estaba muy blando y usé los tacos de aluminio más largos que me podía poner. Bueno, mis tacos son siempre los más largos. En el descanso vino hacia mí y me dijo: «Niño, chiquito, ¿usted qué taco lleva?». Me levanté la bota y se lo enseñé.

«Son pequeños», me dijo. Me quedé callado porque comprendí que lo que quería es que me diera cuenta de que estaba pendiente de mí y, además, de que él no iba a cambiar de opinión porque viera que el motivo de mis resbalones no era los tacos.

Cuando nos las tuvimos más tiesas fue en la Eurocopa 2008. Jugamos un partido de preparación en Santander y me comentó que subía mucho al ataque. En el primer partido de la competición subí menos y entonces me dijo que por qué no subía más. La verdad es que me tenía hecho un pequeño lío.

Él me exigía, me metía caña. A mí eso no me importaba. No todos los entrenadores tienen ese manejo de la motivación. Hasta entonces siempre me había dicho las cosas de frente, pero ya en Austria un día nos quedamos hablando en el césped y me comentó unos aspectos personales que después repitió ante la Prensa. Eso ya no me gustó. Así que al día siguiente, en la charla que nos daba antes de comenzar el entrenamiento y delante de todos mis compañeros, se lo dije. Que me había dejado como mal ejemplo. Él que siempre hablaba de los códigos del fútbol y que había presumido de ir siempre de frente. Toda la Prensa se dio cuenta de lo que estaba pasando.

Después me reconoció que se había equivocado, pero la realidad es que por unas cosas o por otras yo reaccioné y fui a más en cada partido. Comencé flojo y acabé fuerte. Era lo que Luis quería. Ya no tuvimos más problemas. Le tengo que estar muy agradecido, además, porque para ponerme a mí, que era un chaval, tuvo que quitar a un jugador como Míchel Salgado, titular en el Real Madrid y con una gran experiencia. No le tembló el pulso. Pensaba que era lo mejor para el equipo y lo hizo.

Me decía cosas muy graciosas. «Chiquito, pasado el centro del campo puede hacer usted la «mangoneta» o lo que quiera, pero en su campo no haga nada raro que le doy dos hostias». La «mangoneta» es ese recorte de tacón que yo hacía mucho cuando jugaba de lateral y llegaba a la altura del área contraria. Me daba mucha caña, pero le estoy agradecido. Caparrós se parece más a Luis que a Vicente.

Del Bosque no tiene nada que ver con ellos. Vicente enfoca todo de otra manera aunque tienen el mismo fin. Vicente es el «señor bien» en todo. No quiere molestar, busca siempre las buenas palabras. No puede ser mejor persona. Le cuesta, incluso, decirte que no a algo que le plantees.

Con él he pasado de lateral a central. Yo creo que él vio antes consumar realmente el cambio de puesto la posibilidad de hacerlo, pero no lo hizo finalmente porque necesitaba un lateral y me tenía a mí. No era cuestión de sacarme a mí, buscar otro y luego crear un problema con los centrales porque seríamos tres o cuatro. Y ya con la lesión de Puyol, antes de la Eurocopa, se decidió del todo. También coincidió que en el Real Madrid comencé a jugar en el centro y ahí me quedé.

Vicente es muy amable, muy educado. Me pregunta siempre qué tal con la novieta, por la familia. Es muy cercano, muy familiar. Él sabe además muchas cosas de mí por Fernando Hierro, que puede ser una de las personas que mejor me conoce.

MÚSICA, MI REFUGIO OCULTO.

En mi casa la música era algo rutinario, habitual desde que estaba en la cuna. Crecí escuchando flamenco. En el coche, cuando me llevaban a Sevilla a los entrenamientos. Mi padre, mi madre y mi hermano siempre llevaban el casete puesto. Cada uno tenía sus gustos, pero yo recuerdo a Camarón, a Juan Luis Guerra, al grupo Triana… A mi hermana le gustaba mucho Camela.

Estamos hablando de los tiempos del *walkman* y del *cassette*, época en la que dábamos la vuelta a la cinta con el boli *Bic* para ahorrar batería o no gastar pilas. Desde muy chico me acostaba siempre con música en la radio del radiocasete y me quedaba dormido. Llegaba mi hermano René y me la tenía que quitar. No ganaba para pilas. Escuchaba de todo un poco: Potito, José Mercé, Camarón, Niña Pastori…

De tocar no era y de bailar, un poco. Yo era más de cantar. Yo me paso el día cantando. De pequeño tocaba el cajón y ahora estoy aprendiendo guitarra, pero por cuenta propia, de oído. Voy viendo notas, escucho a los maestros...

Es curioso que ahora ya no me pongo música para dormir porque las letras me hacen pensar y me recuerdan momentos personales. Y entonces no me duermo. Ahora, si acaso, me

pongo temas de medio ambiente, sonidos de la naturaleza, olas, pájaros... Temas de piano de dos japoneses, Yiruma y Sakamoto. Me relajan y me duermo.

En el vestuario soy el «dj» oficial. Tanto en el Real Madrid como en la selección. Desde el primer año que llegué tomé el mando. Poco a poco. Yo preguntaba. Iba grabando dvd. El flamenco que no falte, casi siempre antes de los partidos, pero hay una gran variedad. De Camarón a Michael Jackson. También hay temas funkys. Yo puedo estar las 24 horas del día escuchando música, desde el grupo de bachata Aventura a Alejandro Sanz, Marc Anthony...

Con Niña Pastori he hecho algún coro y con Canelita grabé un tema. «A quién le voy a contar mis penas». A dúo. Luis decía que era el más pesado del mundo. Capello no dejaba que pusiera música en el vestuario. Del Bosque también dice que soy un poco brasa, pero para mí es un estilo de vida, una forma de vida.

Soy joven y la juventud vive la música. Yo elijo según mi estado de ánimo. Si estoy triste me pongo temas más tristes, si estoy contento, temas más alegres. Me dicen que tendría que ser al revés, pero soy así de cabezón.

A QUIÉN LE VOY A CONTAR MIS PENAS

Canelita (con Sergio Ramos)

Nadie sabe
lo que llevo pasado en la vida
y quien va a creer
si esto es verdad o es mentira
con lo joven que era
y de la forma que vivía la vida.

Y ya he cambiado,
y ya dejado to los malos recuerdos.
Y nadie me entiende,
y dime ahora a quién le cuento esto
es que no puedo más
porque ni yo mismo me comprendo.

Y a quién le voy a contar mis penas
no se lo debo contar a nadie
tan solo al mar y a las estrellas
que ellos saben contra llevarme.

Y a quién le voy a contar mis penas
no se lo debo contar a nadie
tan solo al mar y a las estrellas
que ellos saben contra llevarme.

Sergio Ramos:
Siempre he vivido
en el límite de lo prohibido
y si no fuera
por los que han estado contigo
hoy no tendrías rumbo
serías como un barco perdido.

Solo quiero explicarle
aquello que todos desconocen
de lo que ha sido y era
si va andando dice que vas en coche
porque las malas lenguas
sienten coraje de que tú seas noble.

Canelita y Sergio Ramos:
Y a quién le voy a contar mis penas
no se lo debo contar a nadie
tan solo al mar y a las estrellas
que ellos saben contra llevarme.

Y a quién le voy a contar mis penas
no se lo debo contar a nadie
tan solo al mar y a las estrellas
que ellos saben contra llevarme.

Y a quién le voy a contar mis penas
no se lo debo contar a nadie
tan solo al mar y a las estrellas
que ellos saben contra llevarme.

Y a quién le voy a contar mis penas
no se lo debo contar a nadie
tan solo al mar y a las estrellas
que ellos saben contra llevarme...

PANENKA, DE VILLANO A HÉROE

El hecho de ser defensa no significa que no puedas tirar las faltas ni los penaltis. Hierro lanzó faltas y penaltis toda la vida y la gente no lo veía mal. Por eso no entiendo que se pueda ver mal que lo haga yo.

Desde que comencé a jugar siempre he querido marcar goles. Muchos días me iba de casa y les decía a mis padres: «Hoy voy a dedicaros uno». Siempre tiré penaltis y faltas. En mis equipos del Sevilla, con la selección sevillana, con la andaluza. En la final de la Eurocopa sub 19 también marqué en la tanda, en las semifinales.

Mi mentalidad es primero defender y después atacar. El del Bayern, en las semifinales de la Champions de la temporada pasada, fue el primer penalti que fallé. Por eso me molestó tanto que la gente, sin conocer mi trayectoria, dijese todas las cosas que se dijeron. Que si me puse nervioso, que me pudo la presión... Deberían saber todos que yo cuanto más presión tengo, más demuestro mi estado de confianza y mejor me salen las cosas. También se dijo que me salté el orden de lanzamientos. El orden era ese. Cristiano y Kaká eran los primeros. Que fallaran ellos no aumentó mi presión. Mi fallo debió considerarse como uno más, pero resulta que no, que mi fallo era el fallo de Sergio Ramos, no uno más. De otros penaltis fallados por gente muy importante, auténticos especialistas, no se habló tanto.

Entiendo que tuviera más repercusión porque eran semifinales y el Real Madrid llevaba muchos años sin llegar a la final. Además ya se daba por muerto al Chelsea y luego ya vi-

EUROCOPA 2012

| Semifinales | Donbass Arena, Donetsk | Día 27-6-2012 |

PORTUGAL 0 0 ESPAÑA

	PENALTIS				
ESPAÑA	Xabi Alonso ✗	Iniesta ✓	Piqué ✓	**SERGIO RAMOS** ✓	Cesc Fàbregas ✓
PORTUGAL	Moutinho ✗	Pepe ✓	Nani ✓	Alves ✗	

mos lo que hizo. También creo que influyó que era yo, Sergio, el andaluz, el sevillano… Pero tenía muy claro cómo lo iba a lanzar. El punto de penalti estaba mal, intenté poner el balón un poco más atrás y me dijo el árbitro que tenía que tocar la cal, así que no me dejó. El trozo de césped del punto de penalti era una plancha de hierba. Apoyé mal el otro pie y golpeé mal el balón. Lo he visto repetido muchas veces. Soy consciente de lo que pasó. No me precipité, pasé de pegarle tres centímetros más arriba en lugar de más abajo. Esos tres centímetros cambiaron todo.

Esa noche íbamos a ir a cenar con unos familiares y amigos que habían venido de Sevilla, pero me fui a casa. No tenía ganas de nada. Lo único que les dije a mis padres es que el siguiente penalti que me tocara tirar lo iba a lanzar a lo Panenka.

Al día siguiente se lo repetí y al siguiente otra vez. Lo que más coraje me daba era que pensasen que no estaba preparado. Ensayo penaltis todos los días después de los entrenamientos. Lo único que sabía es que no me podía hundir. Era una espinita que quedaba clavada, pero el fútbol siempre tiene revancha. Sufrieron mucho, con todo lo que se escribió y se dijo, los más allegados: mi familia y mi novia, Lara.

En la Eurocopa se ensayaban penaltis con cierta regularidad porque se sabe que a partir de cuartos los partidos se pueden decidir en las tandas. Antes de Portugal había entrenado el lanzamiento, el golpeo, pero no en la portería. Estaba con Piqué y Xabi Alonso y comencé a golpear de esa forma el balón. Aquí, antes de salir para allá, ya le había tirado alguno a Iker y a Reina medio de cachondeo o no, porque yo sabía lo que me estaba haciendo.

En el partido, cuando llegó la tanda, vi que alguno se acercó al míster. Me fui directo y le dije que yo tiraba. Me preguntó que si estaba seguro y le contesté que segurísimo. Cuando estábamos esperando para lanzar me acerqué a Albiol y le dije: «Chori, voy a tirarlo a lo Panenka. Ha llegado mi momento. Chori ¡ojo! este es mi momento. Se viene picachu». A ese toque, cuando picamos el balón, le llamamos «picachu». A nadie más se lo dije.

Allá que me fui. En el paseíllo tenía claro que la iba a picar. Miré al portero, pensé en los míos. Puede parecer mentira, pero es verdad. Es una décima de segundo. Pensé en mis abuelos, en el penalti contra el Bayern. Me dije a mí mismo: «Toca cambiar la historia, Sergio». Estaba confiado en que iba a salir. Fue como un paseíllo torero porque sentí las mismas sensaciones que puede sentir un torero cuando sale a la plaza y no sabe si va a triunfar o fracasar.

Puse el balón en el punto de penalti, tomé carrerilla y decidí en ese momento no hacer «paradiña». En los últimos lanzamientos la había hecho. Di cuatro o cinco pasos para atrás y arranqué rápido, como si le fuera a dar fuerte, pero metí el pie abajo. «Picachu». Me di cuenta de que era gol en cuanto vi salir el balón y al portero un poquito tendido.

Fue una liberación y pensé en ese momento que el fútbol había hecho justicia conmigo. No me dio tiempo a más porque llegaron todos mis compañeros a la carrera. Creo que el primero fue Jesús Navas, una gacela. Yo, mientras, estaba a mis cosas, hasta que sentí a todos encima. Son momentos muy fugaces, pero se disfrutan.

Ningún compañero se acordó de mi padre por haber arriesgado tanto. Reina me dijo: «¡Olé tus huevos!». El míster no me comentó nada. Antes de las semifinales contra Portugal habíamos estado ensayando penaltis y ninguno lo tiré a lo Panenka. No había que dar pistas, aunque le dije a Del Bosque que si llegaba el momento lo lanzaría así y él me contestó que llegado el momento no me atrevería. «Bueno, ya lo veremos», contesté.

Nunca me ha dicho nada, es tan correcto que no me quiso decir todo lo que me habían dicho los demás.

Fusión andaluza, campo, toros y caballos.

Desde pequeñito me ha gustado el campo y he estado mucho en él. Los domingos, con mi familia, íbamos a comer fuera de Sevilla con mis primos y nos pasábamos el día al aire libre. Mis debilidades fueron siempre los caballos. Me gustaban los perros, pero como vivíamos en un piso mis padres no me dejaban tenerlo. Cuando íbamos al campo y por la carretera veía un caballo sólo pensaba en subirme. «¡Móntame, papá móntame!» y mi padre tenía que parar el coche porque sabía que si no paraba iba a estar todo el rato protestando. Era mejor parar y perder dos minutos para que me subiera porque si no me pasaba todo el día llorando.

Ahora en la finca tengo de todo. Allí es donde mejor desconecto. Dos días allí, incluso uno, me sirve para recuperarme de la tensión del fútbol. Son como tres días libres si me quedo en Madrid. Me desquito con los perros, tengo más de veinte. Alanos-hispanos para la caza y hasta un rottweiler, que se llama Indio. Cuando yo llevaba el pelo largo parecía un indio y por eso le puse ese nombre. También tengo gallinas, gallos, una cierva y una cabra que se criaron juntas…

Me voy con mis amigos, con la familia, muchas veces con mi cuñado Carlos, que es el que está más pendiente de todo allí. Me encanta montar a caballo, pero como lo tenemos prohibido les doy de comer, les cuido, les muevo, veo a los potrillos, las crías nuevas. Tengo un coche de caballos, los engancho y me doy paseos por fuera de la finca.

La afición por los toros también me viene desde chico, heredada de mis dos abuelos y de mi padre. Somos de Camas, un pueblo taurino por excelencia. Desde pequeño me han llevado a la Feria y un día en La Maestranza la monté buena. Estaba con mis padres y me entraron ganas de ir al servicio. Estábamos en medio de un toro y allí hay un respeto tremendo por las faenas, no se mueve nadie. Para colmo estaba toreando Curro Romero. Hubo un momento en que todos los que estaban cerca estaban pendientes de mí. «¡Que el niño mee ahí mismo, señora!», le decían a mi madre. Con el tiempo me lo contaron y me dijeron que lo pasaron realmente mal.

Con diez-once años yo decía que iba a ser torero o futbolista. Según comencé a jugar en las divisiones inferiores del Sevilla sabía que ser futbolista me distanciaba del toreo. A mi madre se lo decía muchas veces y ella me respondía que mejor me dedicara al fútbol porque no me iba a jugar la vida y ella iba a sufrir menos.

Aunque no sea torero la pasión por la fiesta no la he perdido. Lo que más valoro de esa profesión es que no sabes si vas a volver a

casa por la noche. Eso no está pagado con nada. Precisamente por ser futbolista he conseguido conocer a muchas personas relacionadas con el mundo del toreo. Fútbol, toros y música van de la mano. Ahora puedo decir que tengo muy buenos amigos toreros como Talavante, Manzanares, Morante, El Juli, Castela…

Talavante es como un hermano. A él le gusta el fútbol. Es del Real Madrid. Estuvo en la primera Eurocopa. Precisamente por estar a su lado en una corrida en Las Ventas en la que se encerraba con seis toros me llevé un buen disgusto. Fue la temporada de Capello. Estaba sancionado y no podía jugar. Fui al estadio para cumplir con la obligación de estar en los vestuarios aunque no juegues y faltando quince minutos y viendo que mi equipo iba a ganar, me fui para la Plaza. Me hicieron unas fotos en la barrera y se montó buena. Me acusaron de no ser profesional. De dejar a mi equipo por ir a ver una corrida.

Me equivoqué y lo reconocí. Pedí perdón públicamente a mis compañeros y a los aficionados, pero yo quería estar con un amigo en un día importante para él. No llegaron a multarme, pero ese día aprendí una lección muy importante, que por encima de todo lo primero es lo primero y yo debí quedarme con mi equipo. De los errores se aprende. Al menos yo aprendo.

Los futbolistas tenemos prohibido ponernos delante de un toro, aunque sea una vaquilla, pero hace años, cuando empezaba en el Sevilla, hicimos alguna capea y he toreado alguna vaquilla. Desde luego, si no estuviera prohibido torearía más. Me gusta y cuando me retire no me importaría quitarme la espina de torear un festival.

Pasión por los **tatuajes**

Un duende. «Tenía 14 años. Está en el omoplato derecho. Cuando se enteró mi padre me echó una bronca de campeonato. Entonces se estaban poniendo de moda y me lo hice».

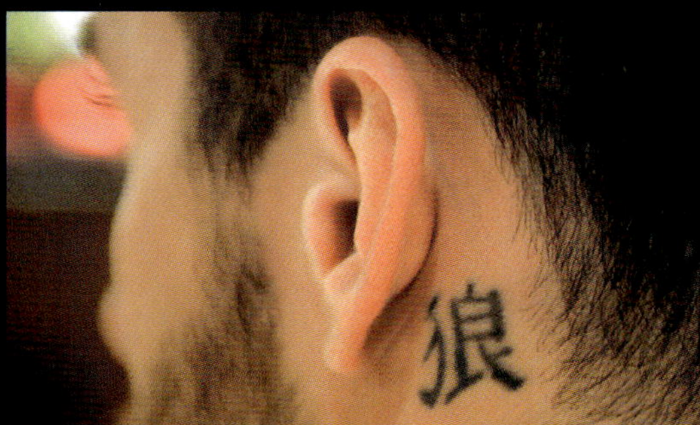

Letra china. «Detrás de la oreja izquierda. Significa lobo. El lobo es una animal que me gusta».

Sus padres. «En el antebrazo. Son las iníciales de mi padre y de mi madre y en medio mi número de la suerte, el VII en números romanos. El texto significa: «Nunca os olvidaré» y está en el alfabeto élfico de «El Señor de los Anillos».

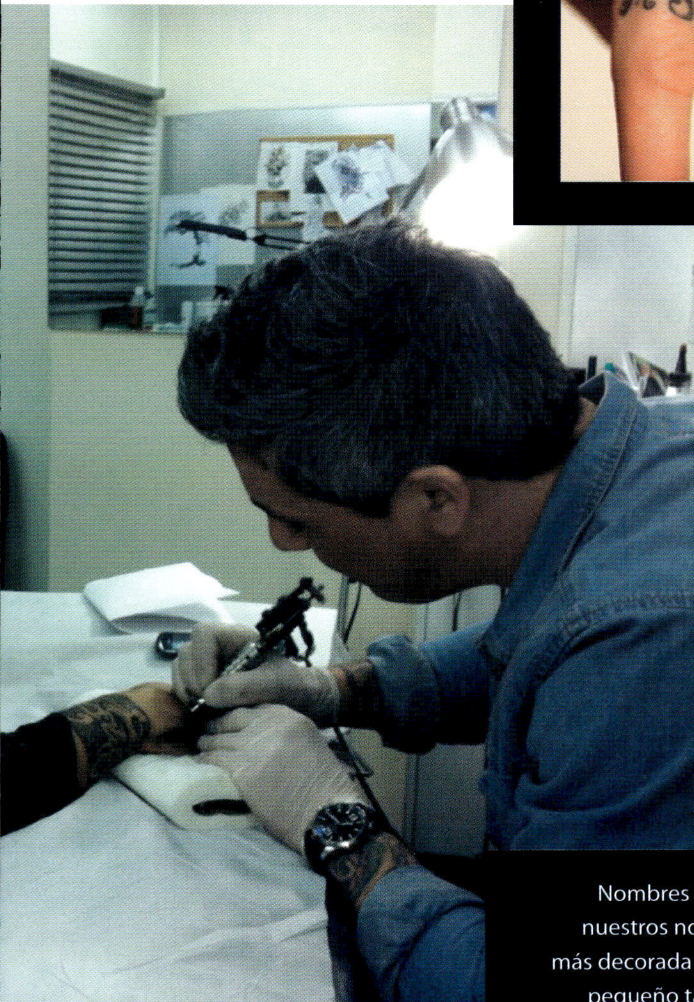

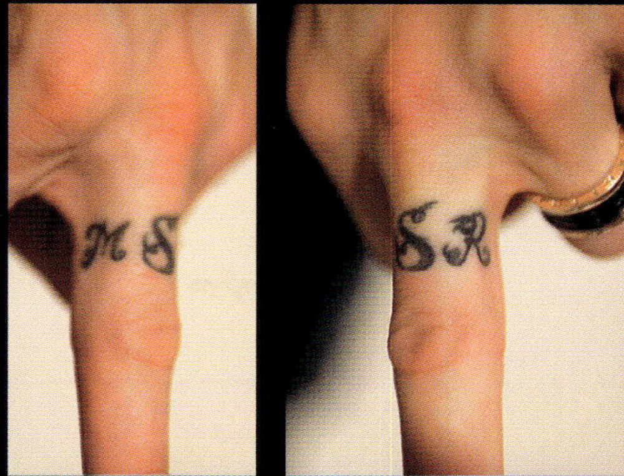

Los tres hermanos. «En el dedo corazón de la mano izquierda. Son las iniciales de los tres hermanos. Lo tenemos igual los tres. Cambia la letra de arriba».

Nombres en árabe. «René tiene otro igual. Son nuestros nombres en árabe. Mi muñequera está más decorada y tiene al lado del nombre un cuatro pequeño también árabe. Es una mezcla maorí».

Los dos hermanos. «Es en la zona lumbar. El nombre de mi hermana (Miriam), mi número 4, el nombre de mi hermano René más una cruz».

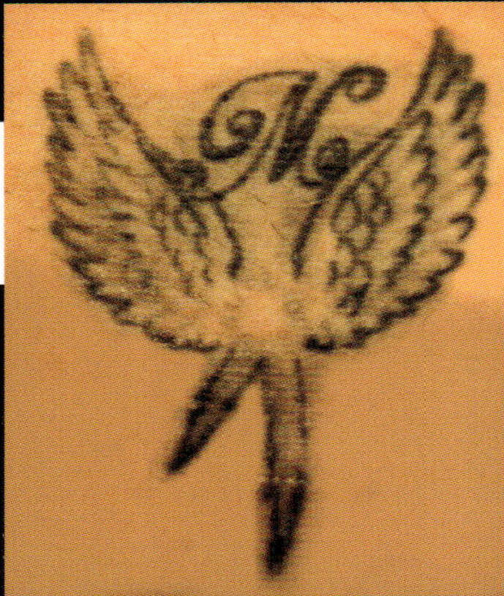

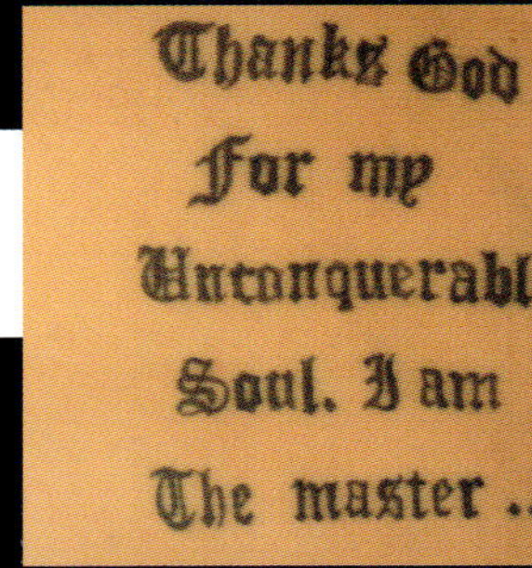

Inicial de su mejor amigo. «Es como respuesta a una «S» que se puso Mundi primero. Es una «M» con dos alas y dos plumas. Está en la parte alta del pubis».

Una frase de Cicerón. «Debajo de los bíceps en los dos brazos. En el derecho pone "The spirit of the IX dead lies 27." Traducido: el espíritu de los muertos, vive y el IX es el día de nacimiento de mi padre y el 27 el de mi madre. En el izquierdo termina la frase; "in the memory of the ones alive", que traducido significa "en la memoria de los que están vivos", al comienzo hay un 3, fecha de nacimiento de mi hermana y al final un XI, el día de nacimiento de mi hermano».

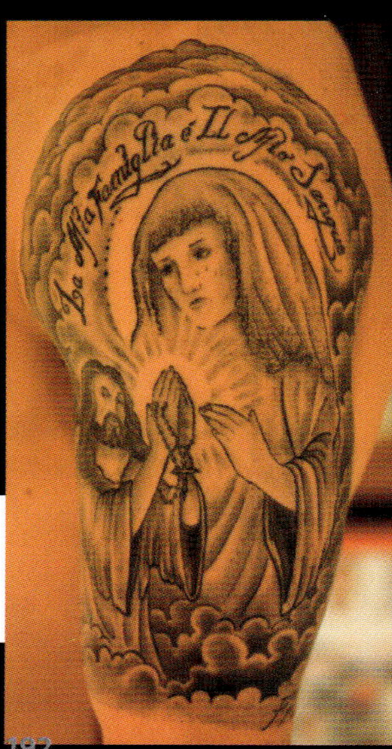

Significados familiares. «En el hombro izquierdo hasta casi el codo. Es una mezcla de cosas pero todas con un significado. Hay una Virgen, un Cristo, una frase en italiano: la mia famiglia e il mio sangue, una estrella de David en recuerdo de mi abuela Nena, que le regaló a mi madre una estrella de oro y yo la he llevado mucho como colgante, y está también la palabra "freedom" (libertad)».

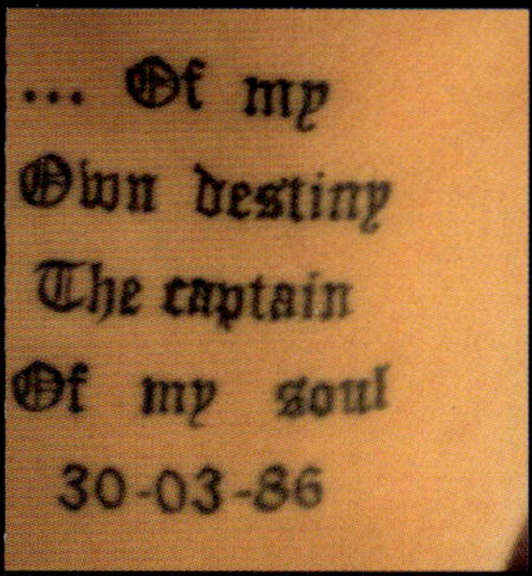

Frase de Nelson Mandela. «En los dos costados. Siempre admiré a Nelson Mandela y he leído bastante sobre él. Esta es una frase suya, que sale en la película Invictus. En el costado derecho pone "thanks good for me unconquerable soul. I am de master" y en el izquierdo, "… of my own destiny the captain of my soul 30-03-86". Traducido: «Gracias Señor por mi alma inconquistable. Yo soy el dueño… de mi propio destino, el capitán de mi alma».

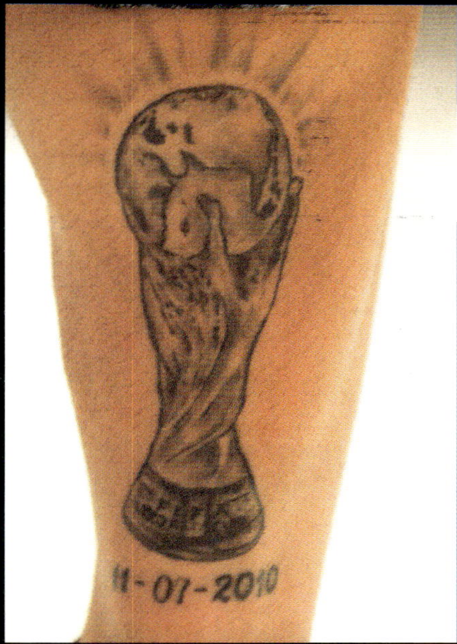

Copa del Mundo. «En el gemelo de la pierna derecha, arriba, una pequeña Copa del Mundo y la fecha 11-7-2010».

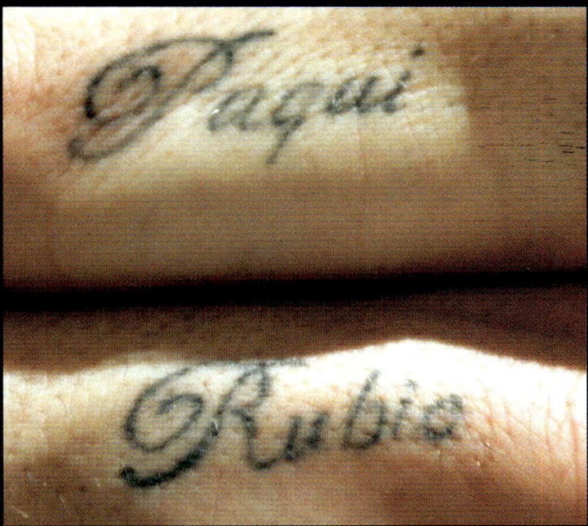

Padres. «En ambas manos los nombres de mis padres. En el hueso metacarpiano. Rubio, el apodo de mi padre, en la mano derecha y Paqui, el nombre de mi madre, en la izquierda».

Un popurrí que está por acabar. «Está en el hombro del brazo derecho, son una mezcla de sentimientos, hay notas musicales, la Giralda y una estrella roja al lado, la llave de mi corazón, la mano de Fátima de la suerte con ojo dentro, una corona, una cruz, dos chapas antiguas de militares con el 15, mi número en la selección…».

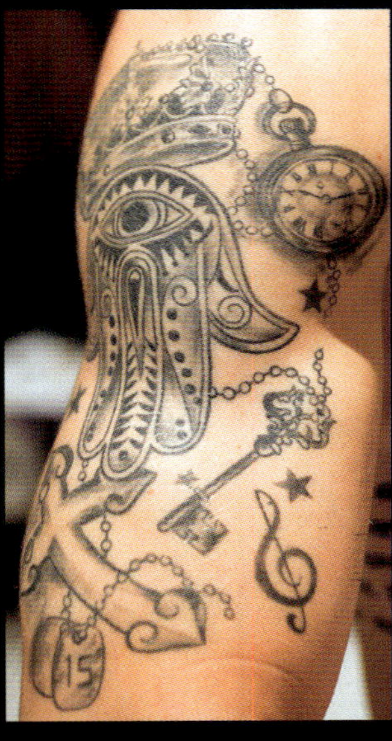

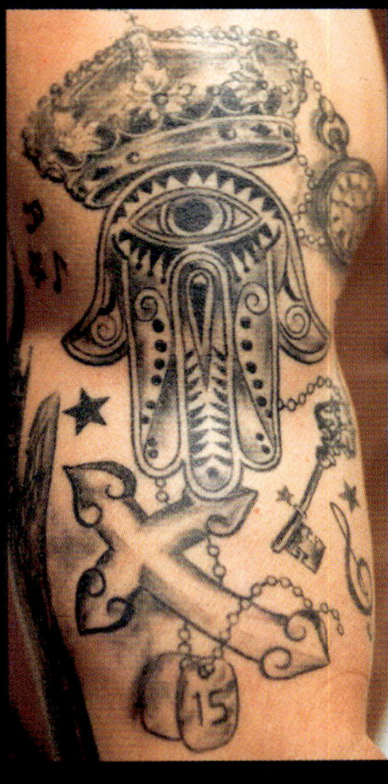

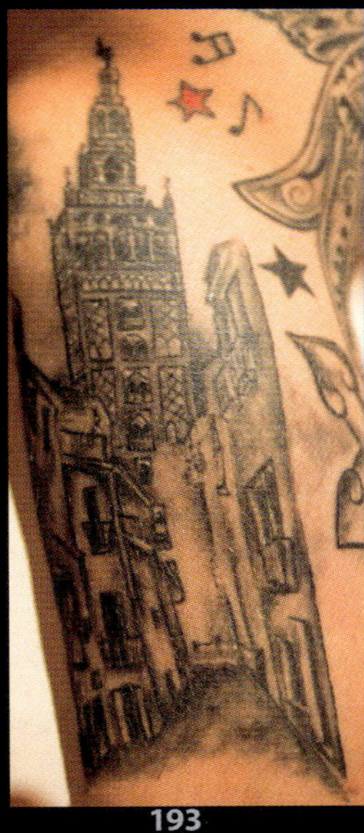

6

SERGIO

SIN BOTAS

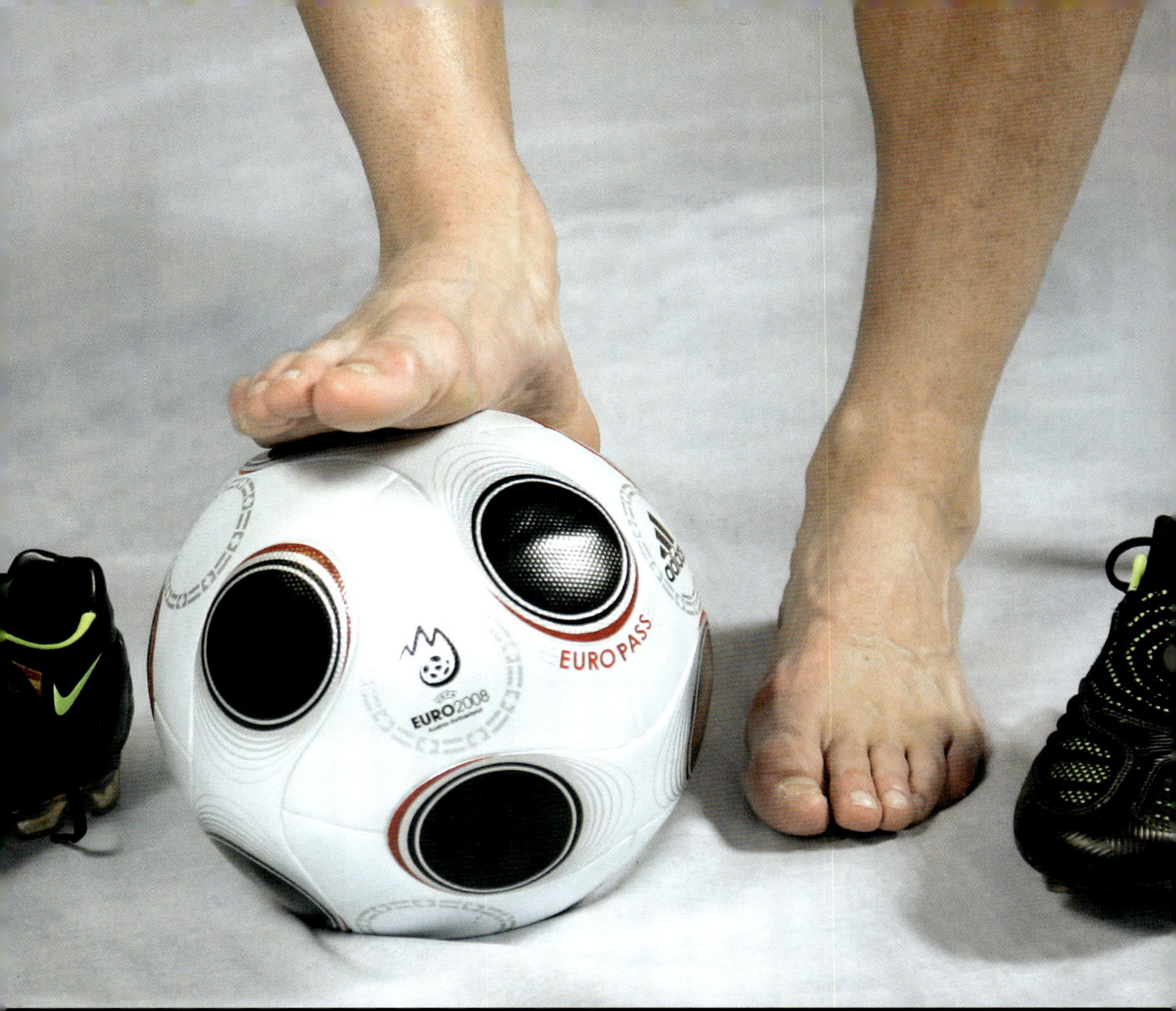

SERGIO

SIN BOTAS

«LOS AFICIONADOS NO CONOCEN AL SERGIO RAMOS COMO PERSONA. YO SOY IMPULSIVO Y DIGO SIEMPRE LO QUE PIENSO, SI ME QUEDO CON ELLO DENTRO REVIENTO, PERO HAY QUE SABER ELEGIR EL MOMENTO. LA EXPERIENCIA ME DICE Y ME HA DEMOSTRADO QUE NO ES BUENO HACERLO DE FORMA ESPONTÁNEA».

Sergio
sin botas

Sergio vino a este mundo un Domingo de Resurrección. 30 de marzo de 1986. Era el tercero de la dinastía Ramos-García. José María y Paqui ya eran veteranos en la materia. El primero fue René (34 años) y después llegó Miriam (28). Paqui se puso de parto por la mañana, llamó a su madre Reyes y juntas se fueron al Hospital Universitario Virgen del Rocío de Sevilla con toda la tranquilidad que concede no ser primeriza.

La familia Ramos-García vivía en Camas, Jardín Atalaya. Una urbanización moderna y para algunos elitista en aquellos tiempos, pero que con el paso del tiempo se ha ido desvalorizando y empobreciendo poco a poco. Allí transcurrieron los once primeros años de la vida de Sergio. En el bloque cuatro, segundo piso. Por delante del portal, la plazoleta, donde los dos árboles ejercían como postes de una portería. Dos piedras conformaban la otra; por detrás, donde daba la ventana de su habitación, un campo de fútbol con porterías de verdad que en realidad había sido un descampado que los propios chavales supieron acondicionar. A menos de cincuenta metros, el colegio público La Colina. Entre la plazoleta, el campo de fútbol y la escuela, Sergio pasó gran parte de su infancia.

Cuando tenía doce años la familia se trasladó a Tomares, un pueblo cercano, a otra urbanización: El Mirador. Casi sin darse cuenta, Sergio cambia de amigos y de rutina. Ya juega en las divisiones inferiores del Sevilla y comparte, como puede, los entrenamientos con los estudios.

«Fueron momentos complicados, toda la familia pendiente de mí para llevarme y para traerme. Nunca olvidaré el esfuerzo y el sacrifico de todos, desde mis abuelos a mis hermanos y mis padres. Les estaré eternamente agradecido».

Su vida siempre ha girado a gran velocidad, aunque se ha saltado pocas etapas. Fue subiendo escalón a escalón, algunos de dos en dos, por las inferiores del club de su alma hasta debutar en Primera con 17 años y dar el salto definitivo, con 19, a un mundo desconocido y lejano llamado Real Madrid, donde se ha terminado de hacer futbolista y hombre.

«Es algo que comento mucho con los míos. Toda mi vida ha ido a esa velocidad, pero en el fútbol no se puede vivir del pasado. El fútbol no tiene memoria, es el día a día. Ganas la Eurocopa y no tienes tiempo de disfrutarlo; ganas el Mundial y tampoco. Supongo que cuando uno se retira es cuando más se valora todo lo que se ha conseguido y se lo puedes contar a tus hijos y tus nietos».

Suele repetir que la vida y el fútbol le han hecho cambiar la forma de afrontar determinadas situaciones. Cree que ha recibido más patadas de las que él piensa que ha merecido, pero no cambiaría por nada del mundo su recorrido, su trayectoria hasta llegar a la cima, donde está hoy.

Su carácter contestario y rebelde ante situaciones que él ha considerado y considera injustas le han creado en algunos momentos circunstancias embarazosas que ha tenido que solventar de la mejor manera posible. Le ha pasado en su vida personal y también en la futbolística. Ha tenido roces con algunos de sus entrenadores, pero siempre ha sido por defender una causa propia, de algún compañero o incluso del colectivo general.

El Sergio sin botas, el Sergio-persona del presente, en plenitud de la veintena, está convencido de que la imagen que refleja al exterior, la que los aficionados puedan tener de él por su comportamiento en un estadio o la que puedan transmitir los medios de comunicación de su vida pública, no es su

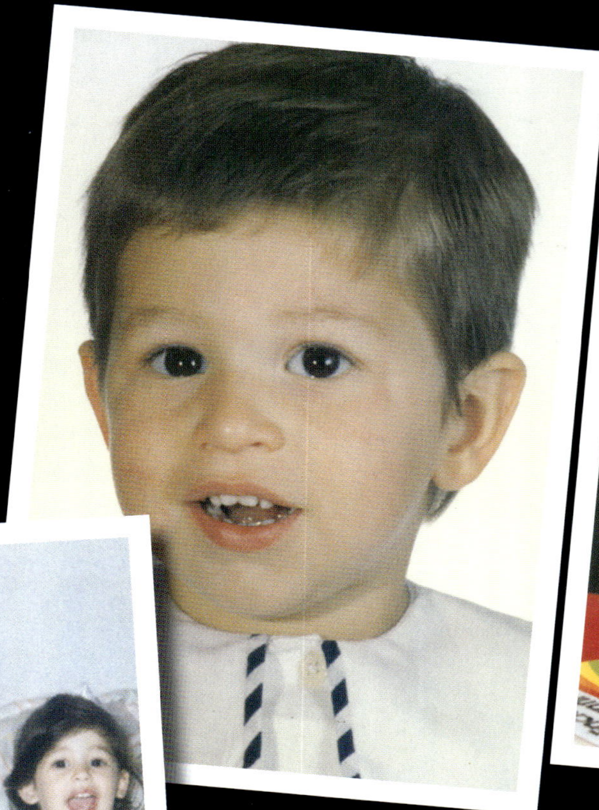

DE PRIMARIA

verdadera imagen. Y le molesta realmente. Su corazón sufre. Le gustaría un imposible, que todos le pudieran conocer fuera de un terreno de juego para que supieran cómo es en verdad.

Le afecta que se le pueda considerar chulo o prepotente, que pueda transmitir esa impresión. Le ofende porque sus genes, sus raíces, le marcan otros caminos: los de la humildad y la sencillez, los de la amistad profunda por sus amigos de siempre y por la familia, una palabra sagrada para él. Una familia que quiere ampliar lo antes posible. Si hay algo que le ilusiona especialmente es formar la suya propia y tener hijos con los que jugar revolcado por el suelo, como hace ahora con su sobrina Daniela.

Se lo decía ya hace unos años a Orfeo Suárez en una deliciosa charla publicada en la serie «Hablamos de Fútbol».

«Los futbolistas no somos nuestra imagen, no se nos conoce. Estamos acostumbrados a refugiarnos en nosotros mismos. Estamos siempre viajando. Si estás casado y con niños puede ayudarte más, pero no es mi caso. No somos como damos públicamente. Los aficionados no conocen al Sergio Ramos como persona. Yo soy impulsivo y digo siempre lo que pienso, si me quedo con ello dentro reviento, pero hay que saber elegir el momento. La experiencia me dice y me ha demostrado que no es bueno hacerlo de forma espontánea».

El otro Sergio, el que no lleva el 4 del Real Madrid o el 15 de España, y se pasa once meses al año pendiente de su profesión, es un chaval de 26 años que al margen de que tenga una pareja puntual, como sucede en los últimos años, vive siempre cerca de su familia, incluso en la misma casa hasta hace muy poco que se ha independizado físicamente, nunca mentalmente porque sin su bendito entorno, como él dice, no puede ir muy lejos.

Ese «otro» que lleva dentro abre la puerta de su mente y de su cuerpo, en los ratos libres, a sus otras inquietudes. Tiene las preferencias y los gustos más o menos acordes con los chicos de su edad y que pueden darse un capricho de vez en cuando porque su economía se lo permite. En ese momento, una de sus debilidades son los coches, pero para encontrar sus verdaderas pasiones al margen del fútbol hay que viajar a tres mundos que le apasionan: la música, el toreo y el campo, en el más amplio sentido de la palabra.

Sergio es música, sobre todo flamenco. Lo lleva en la sangre, pero en sus auriculares se escuchan otros registros acordes con la actualidad del momento. Los suyos, los realmente suyos, son Camarón, Niña Pastori, El Barrio, José Mercé o Canelita, con el que compartió un tema en mayo de 2012, «A quién le voy a contar mis penas» y muchos más.

Sergio es toreo, sobre todo el de sus amigos que son tantos que contemplan todos los estilos del arte del capote y la muleta. De no haber sido futbolista hubiera sido torero. Lo ha dicho mil veces y lo ha pensado cinco mil. No se pone delante de un toro porque lo tiene prohibido, pero en sus años mozos, en alguna capea, a alguna becerra le ha sacado unas verónicas como las que se imagina con el capote de Talavante sobre el verde césped cuando celebra algún título de su equipo o de la selección.

Y el «otro» Sergio, finalmente, es campo, aire libre. Una querencia surgida de niño y que ahora encuentra su máxima expresión en la finca familiar, no muy lejos de Sevilla capital. Allí desconecta de todo y de casi todos. Se encierra con los más allegados y disfruta con los caballos, su debilidad desde bien chico, con los cochinos, con los perros de caza, con las perdices, con las gallinas y los gallos… Allí no hay día ni noche. Allí sólo hay paz y libertad. Allí sólo hay intimidad y calma.

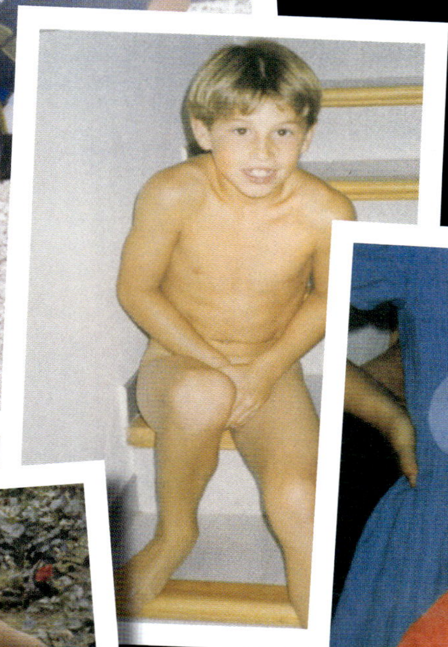

Otra faceta con la que Sergio se siente comprometido es con su actividad como embajador de la UNICEF, que desarrolla desde hace cinco años, y con su colaboración en otras Fundaciones de carácter humanitario y social. Nada más terminar el Mundial de Sudáfrica visitó Senegal con sus hermanos y regresó impresionado por lo que allí vivió.

«Me tengo que considerar un afortunado por poder ayudar a esos niños y a esas organizaciones que trabajan para ellos. No tiene precio sacar una sonrisa a esos niños. Quise ir con mis hermanos para que todos viviéramos de cerca lo que ellos viven, aunque fuera unos días. Fue un viaje muy duro para mí por las imágenes que vimos. La muerte allí no tiene valor y la vida tampoco porque se mueren tan jóvenes que no les da tiempo a disfrutarla, a vivirla. Allí es donde te das cuenta de que diariamente nos quejamos por tonterías. Se me abrieron los ojos. Yo no soy de muchas lágrimas, pero en Senegal se me escaparon y muchas».

A través de su círculo más reducido, de sus padres, de sus hermanos y de sus amigos más cercanos, vamos a descubrir también cómo transcurrió su adolescencia hasta llegar a un presente que vive con la máxima intensidad. Siempre con el balón como protagonista principal, pero también con sus otras aficiones que ha ido manteniendo y afianzando a lo largo de los años hasta llegar al Sergio de hoy: maduro y seguro de sí mismo.

Historias de madre, **Paqui**

Sergio pesó 3,950 kilos, prácticamente lo mismo que René y que Miriam. De chico no me dio mucha guerra. Dormía bien y comía de todo, lo contrario que su hermano, que nos dio más la lata en ese sentido. De mayor, tampoco tiene problemas con la comida. Siempre le ha gustado la cuchara. Había platos, como los garbanzos, que no le gustaba la piel y se lo pasaba por la minipimer y se los comía sin rechistar. Sin problemas. El pollo en salsa es su plato preferido.

Era un torbellino, no paraba nunca quieto. Muy alegre, risueño, siempre con una sonrisa. Cariñoso. Era un cascabel. Nunca ponía mala cara por nada. En nuestra casa gustaba el fútbol, su padre y René habían jugado, pero lo del niño no era normal con la pelota. Sólo nos pedía botas de fútbol. Y le compramos una equipación del Deportivo, debía tener cuatro o cinco años. Esa fue la que eligió cuando fuimos a la tienda…

No podía con él. Intentaba que al menos durmiera un poco la siesta esas tardes de calor que hace en Sevilla, pero en cuanto me descuidaba ya estaba en la calle. La suerte que teníamos es que no corría peligro de coches. O estaba en la plazuela o en el campo de atrás. Era un respiro, le dabas la pelota y ya no había niño. Estaba siempre con su hermana Miriam, que le saca 18 meses, pero se puede decir que crecieron juntos. Eran de la misma pandilla. No le gustaba que ella estuviera siempre a su lado. La llamaba «machopingo».

No era mucho de otros juegos que no fuera la pelota. Si acaso le gustaban los cochecitos pequeñitos y los juegos de mesa, como el parchís, las cartas. Tenía mucha suerte, la sigue teniendo. Siempre gana. Su infancia cambió muy pronto cuando fichó por el Sevilla. A partir de entonces, con nueve años, su vida ya era el colegio y los entrenamientos.

Nosotros nos cambiamos de casa, nos fuimos a Tomares y todos los días bien mi marido o yo y después su hermano le teníamos que bajar a la Ciudad Deportiva y los fines de semana llevar a los partidos.

A mí el fútbol no me gustaba y de tanto ir a verlo jugar me comenzó a gustar. He sufrido mucho porque entonces no era como ahora, grande y fuerte. Era más bien bajito, muy chico. Y cada vez que le veía por los suelos me saltaba el corazón.

Como estudiante era bueno, no de codo constante, pero era inteligente. La hermana sí que era constante. Lo que ella aprendía en tres horas de estudio él lo sacaba adelante con media hora. Hubo un momento, con catorce-quince años, en que nos llamó la directora del colegio para decirnos que faltaba mucho y que no podía seguir el ritmo de la clase. Los profesores, incluso el tutor que tenía, lo entendían mejor, pero la directora era inflexible. ¡Si hasta nos dijo que el niño tenía que dejar el fútbol!

Le pasamos a la noche, pero para él era un sufrimiento. Se quedaba dormido en la mesa cenando o si se ponía a estudiar un rato. Había semanas que ya se entrenaba dos o tres días por la tarde, además de por la mañana. Le pusimos profesores de apoyo, pero él lo pasaba mal y eso que tenía una gran capacidad para resolver los problemillas que le surgían sobre la marcha.

Para nosotros, como padres, fueron momentos de una gran responsabilidad. Era muy difícil de aceptar que uno de tus hijos tenía que renunciar, en parte, a su educación escolar por su apuesta futbolística. Pensábamos que en muchos casos luego los chicos se quedaban a mitad de camino. Pero él lo tenía muy claro e insistió mucho. Estaba convencido de que iba a salir adelante con el fútbol, era lo que le gustaba.

La realidad fue que su obsesión por el fútbol nos cambió un poco la vida a toda la familia porque había que estar siempre pendientes de los entrenamientos. Cuando volvía a casa me contaba las cosas. Eso lo ha hecho siempre, pero según fue pasando el tiempo sólo me contaba anécdotas, nunca cosas serias del vestuario. Siempre fue muy responsable en todos los sentidos. Fue creciendo y se daba cuenta de que su infancia no era como la de los amigos. Los fines de semana no salía. Se venía a casa con los más íntimos y con su hermana y ahí se quedaba porque el día siguiente jugaba.

Su vida ha ido muy rápida. Yo he llorado mucho porque no disfrutaba de las cosas que hacían los niños de su edad. Ir a la Feria, la Semana Santa, salir los fines de semana Se refugiaba mucho en la música y en su hermana. Cuando algún día iba a una de esas ferias, no se subía en ninguna atracción, él sólo quería tirar con la escopeta para rega-

larle los peluches a Miriam. A las nueve de la noche decía que le diera la cena y se iba a la cama.

Hubo un tiempo que decía que quería ser torero, pero el fútbol siempre le tiraba más. Si me lo dice de verdad, lo mato. Con lo mal que lo hemos pasado por esos campos, ¡cómo para haber sido torero! Hubiera sido peor. En casa todos éramos aficionados a los toros. Venía de tradición familiar. A él, que era muy chico, no le llevábamos, pero un día se vino a una corrida de Feria. Nada menos que a La Maestranza. Tendría 3 o 4 años, no más. Toreaban Curro Romero, Rafael de Paula y Antonio Ordóñez. En medio de la faena de Curro comienza a decir que quiere hacer «pi-pi». Ya se sabe lo que es un niño en esos casos. Así que los espectadores que teníamos más cerca estaban ya de los nervios. La vergüenza que pasé. No me podía levantar en medio de la faena, además era una tarde buena de Curro y los de al lado me decían que le pusiera allí mismo. Nunca lo olvidaré. Estábamos en primera fila, toda la plaza en un silencio absoluto…

Siempre fue muy ahorrador. Tenía su paga y siempre le sobraba. Iba juntando el dinero y le prestaba a su hermano René, que se gastaba lo suyo. Pero como cada vez le pedía más terminó poniéndole una fecha para que se lo devolviera y unos intereses. Con la familia siempre ha sido muy desprendido. Conmigo siempre ha sido muy detallista. Me sorprendía cuando menos lo esperaba, no tenía que ser una fecha especial. Ha sido y es muy «madrero», pero su abuela Reyes era la preferida.

Siempre le ha gustado ir arregladito en las fiestas. Por ejemplo en los cumpleaños, de pequeño, le gustaba ponerse una corbata. Después se ponía la ropa de René y luego, cuando ya tenía dinero, siempre ha estado con la ropa para arriba y para abajo. Es como la gente le ve. No tiene dobleces. Sus refugios son la música, su familia y el campo. Ahora con la finca tiene una buena válvula de escape.

En casa no era de hacer muchas trastadas y cuando hacía alguna se le notaba rápido. No sabía disimular.

Historias de padre, José María

Si a alguien le tenemos que echar la culpa genética de la devoción de Sergio por el fútbol y también la de su hermano René debe ser a mí, que con 19 años llegué a entrenarme tres veces con el primer equipo del Sevilla. Era la época de Max Merkel de entrenador, con José María Negrillo de ayudante. Me fui al Servicio Militar y tuve una lesión de rodilla.

Me dijeron que era grave y no me quise operar. Tenía un alto porcentaje de posibilidades de quedarme cojo y como me dijeron que para hacer vida normal y sin hacer ningún deporte de gran esfuerzo no tendría problema, pues no me operé. Luego con el tiempo pasé por el quirófano y me fui hasta Sudáfrica con muletas, pero claro, no me iba a perder ver a mi hijo ser campeón del mundo con todo lo que hemos pasado…

El fútbol me gustaba para jugarlo, pero no me apasionaba. Era un poco irregular. Jugaba cuando me salía. René era un poco como yo. Decían que éramos buenos, pero nos gustaban también otras cosas además del fútbol. Toda mi familia era sevillista.

Con siete años Sergio ya estaba jugando en el Camas. Él se iba con su hermano a sus entrenamientos y se ponía a jugar con los que le dejaban. Siempre con mayores, claro. Como hasta los nueve años no le podían federar, desde los siete estuvo jugando «de gato» con el Camas benjamín. Decía que tenía nueve. Y luego cuando se fue al Sevilla, igual, decía que tenía nueve y tenía ocho.

Siempre le gustó jugar con los más grandes. Le ponían de portero y le pegaban unos pelotazos al niño que me lo mataban. A él le gustaba, pero yo le quité la idea de la cabeza y no es que tenga nada contra los porteros. Entonces era muy chiquitillo. Vamos, bajito, y se pegaba con los que le sacaban la cabeza. Como era muy rápido se iba de todos. Cogía a los centrales altos y fuertes y los volvía locos, pero se llevaba cada patada que creíamos que nos habían partido al niño. Siempre fue muy bravo. Tenía muy buen dribling, de extremo-extremo que se decía entonces. No comenzó a crecer hasta los 12-13. Y entonces le dio siempre por defender a los más chicos. Siempre se metió en líos por defender a sus compañeros.

Cuando llegamos al Sevilla hay un hombre clave, Pablo Blanco. No sólo apostó por él, sino que lo siguió de cerca y le apoyó mucho a nivel personal. Otro hombre importantísimo en su carrera, por la edad en la que le conoció, fue Joaquín Caparrós. A los 15-16 años encontrarte con un entrenador que es mucho más que un entrenador, casi un padre deportivo, es tener mucha suerte. Él fue quien convenció a Sergio de que podía si quería y Sergio quería, ¡vaya si quería! Que lo diga yo puede quedar mal porque soy su padre, pero los que le han visto crecer saben que Sergio no ha trabajado más que nadie, pero sí igual que el primero. Y luego ha tenido la suerte de estar en el sitio oportuno en el momento justo. Han sido casos muy puntuales, pero ahí siempre ha estado él.

Cuando se lesionaron a la vez Javi Navarro y Pablo Alfaro, sus dos maestros, ahí estaba él para que Caparrós lo pudiera meter. Sergio fue un profesional del fútbol hecho y consumado con quince años. Él escuchaba, miraba, aprendía. Llegaba a los entrenamientos una hora antes, se iba una hora después. Estiraba, calentaba, gimnasio, bidón de agua fría para la recuperación. Tenía una rara habilidad de pegarse a los que le podían enseñar. Darío Silva, por ejemplo, fue otro hombre que le marcó. Le explicaba las cosas. Le traía y le llevaba en su coche de los entrenamientos y Sergio hasta le hacía esperar. No tiene guasa la cosa, un niño de 16 años haciendo esperar a un internacional uruguayo que tenía un Hammer...

[redacted]

Cuando llegó al Sevilla Atlético y comenzó a entrenarse con el primer equipo sufrió un cambio brutal en la forma de entender las cosas. Yo no sé lo que le iría diciendo Caparrós, pero está claro que le hizo ver lo duro que es el fútbol y lo que cuesta triunfar como él quería triunfar.

Nosotros habíamos tenido en casa el ejemplo de René. A los 14 o 15 años también le tuve que decir que o se tomaba el fútbol en serio o lo dejara y se dedicara a otra cosa. Tenía una calidad tremenda, pero su actitud no era tan tremenda. Como yo había vivido esa situación me daba cuenta de que la diferencia entre una y otra situación era la constancia.

Por eso, cuando decidimos que íbamos a apostar por el fútbol incluso a costa de dejar a un lado los estudios, que era lo último que queríamos hacer, le dije a René que nadie mejor que él para encargarse de su hermano. Que se preparara lo mejor posible para ayudarle en todo lo que necesitase. Desde el principio vimos que superaba todas las previsiones. Nos fue pasando hasta con los contratos que firmábamos. Exigían unas condiciones de partidos altas y él las superaba todas. En un mismo año firmamos cuatro contratos distintos.

[redacted]

A los entrenamientos le solía llevar yo en el Ford Fiesta de la madre. El «Lanzallamas», que decía Sergio, su primer «Ferrari». A veces iba su madre o su hermano, cuando ya tuvo el carné de conducir. Un día no nos entendimos bien y dejamos al niño en la Ciudad Deportiva. Terminó el entrenamiento y él se sentó a esperarnos. Era invierno y se hizo rápido de noche. Varios padres de compañeros le preguntaron si lo llevaban, pero él decía que no, que vendrían su padre o su hermano. Nadie llegaba, nadie llegaba y hasta cerraron los campos y el guarda que vigilaba de noche soltó a los perros. A por Sergio que se fueron y se tuvo que subir a un árbol hasta que el guarda pasó por allí, vio la escena, volvió a guardar los perros y ya nos llamaron y fuimos a por él.

A los partidos íbamos toda la familia. Donde fuera. En casa y fuera. Hasta cuando jugaba con la selección sevillana o la andaluza. La primera vez que hizo la voltereta para celebrar un gol fue con la sevillana, en una final que se jugó en Granada contra la de Cádiz. Ganamos 3-1 y metió dos goles. Entonces hacia la voltereta sin manos y hacia delante, ahora la hace para atrás.

En la Ciudad Deportiva se hacía querer por todos porque era muy noble. Siempre tenía muy buena relación con los fisios, los utileros, los porteros. Entonces no era mucho de acercarse a las estrellas, pero un día que no había agua en el vestuario del filial se fue al de los grandes a ducharse, se puso a hablar con Mami Quevedo y le regaló unas botas. No lo ha olvidado todavía. Para él Quevedo es intocable. Él no era un muy pedigüeño pero de vez en cuando venía con algunas botas que le habían dado Gallardo, Moya, Carlitos

Tenía la habitación llena de camisetas y fotos. De pequeño, además del Sevilla, era del Deportivo y nosotros no lo entendíamos. Decía que le gustaban Rivaldo y Bebeto. Un día se fue al hotel Colón de Sevilla a pedir autógrafos a los jugadores del Barça. Como no le dejaban entrar se las ingenió para colarse por una ventana y le pillaron los de seguridad. Cuando estaban a punto de echarle le salvó Nadal, el tío de Rafa. Le preguntó que de quién quería la firma. Él dijo que de Ronaldo y le acompañó hasta donde estaba el brasileño y le firmó. Después en el Madrid se hicieron íntimos amigos y se lo contaba. Cómo sería la amistad que hasta le compramos la casa cuando se fue al Milán.

Historias de hermano, **René**

Me llevo con Sergio ocho años. Yo tenía quince y estaba en el juvenil del Camas y él se venía todas las tardes conmigo. No paraba de jugar y siempre con niños mayores. Todo el mundo hablaba de él porque era bajito, muy rápido, ratón, ratón y tenía mucho gol.

Se quería venir conmigo porque, a pesar de lo pequeño que era, le gustaba el ambiente del equipo, de los entrenamientos más o menos serios. Con el tiempo nos enfrentamos una vez en un terreno de juego. Sólo una vez. Él tenía 15 años y jugaba en el cadete del Sevilla y yo en Preferente, en el Demo. Era un trofeo amistoso. Como el entrenador de su equipo nos conocía decidió que Sergio me marcara. Yo era delantero y ese día a él le puso de central.

Al primer balón alto y largo que me mandaron, saltó conmigo y me dio un codazo que me rompió el labio. Yo me le quedé mirando y le dije que se controlara, que no podía entrarme así. Me dijo que él siempre jugaba fuerte, con esa intensidad y que no tenía que cambiar porque enfrente estuviera su hermano, que había ido a jugar un partido serio por mucho que fuera amistoso.

A los pocos minutos, en un córner, para intentar relajar un poco la tensión, le hago, de broma, el clásico tocamiento, como el de Míchel a Valderrama. Se volvió muy enfadado y me dijo que dejara de hacer tonterías, que estábamos jugando un partido de fútbol y él no iba a pasar el rato. A parte de estas dos anécdotas, que definen perfectamente su personalidad y carácter, no me dejó tocar un balón, pero ni uno. Se adelantaba siempre, me ganaba por arriba, por abajo…

Como sería que mi entrenador me cambió y me echó una bronca delante de mis compañeros. Me reprochó que mi hermano ocho años más pequeño me hubiera anulado de esa manera y me decía que si no me daba vergüenza que un chaval de 14 años me hubiera hecho lo que me había hecho.

A ese partido fueron mis padres, mi hermana, mi abuela Reyes y mi abuelo Juan. Todos vieron como Sergio me había comido la moral. La verdad es que lo pasé mal, pero comencé a darme cuenta hasta dónde podía llegar, si era capaz de no dejar tocar un balón a un delantero ocho años mayor que él.

Como jugador llegué hasta la Primera Andaluza con el Marchena, entonces es cuando se decide en la familia que Sergio haga una apuesta seria por el fútbol y mi padre me pide que me prepare lo mejor posible y que consiga más tarde la titulación pertinente para llevar la carrera de mi hermano. «Mejor que tú, nadie», me dijo. Y ahí se enciende la pólvora. Por supuesto, él estaba encima de todo. De mí y de Sergio.

Tuve que aprender a la fuerza, no podía defraudar a mi padre ni a mi hermano pequeño. Gracias a él fuimos saliendo adelante porque realmente era Sergio quien con sus condiciones iba ganando terreno y superando obstáculos. Además se lo tomó en serio. Renunció a muchas de las cosas que hacían los niños de su edad porque lo que quería era triunfar en el fútbol. Ahora muchas veces me dice que todo le ha compensando. A nosotros también, por supuesto.

Tenía madera de líder, de eso te dabas cuenta viéndole entrenarse y cómo le miraban los compañeros. Le fueron llamando para la selección sevillana, para la andaluza. Entonces a estas selecciones se les daba más importancia porque había campeonatos territoriales y luego uno a nivel nacional.

Cuando dio el estirón físico se notó mucho. Nosotros somos una familia de buena genética y él con su mejor condición física no perdió sus condiciones técnicas, aunque ya le pasaban para posiciones más defensivas.

Mientras él jugaba y daba saltos, con 16 años en el Segunda B, con 17 en el primer equipo Nosotros nos peleábamos con el Sevilla por sus contratos. Un día especial para todos fue el de su debut en Primera con el Sevilla en Riazor. Vimos el partido toda la familia en casa de unos tíos y acabamos todos llorando de alegría.

La que luego se convertiría en su última temporada en el Sevilla, que la jugó ya de titular, fue una locura. Antes de que nos llamara el Madrid tuvimos una oferta seria del Valencia. Quique Sánchez Flores lo quería a toda costa. El Sevilla no quiso vender. Nos hablan del fútbol inglés, pero nosotros tampoco teníamos prisa. Incluso propusimos al Sevilla un contrato vitalicio para quedarnos. Eso fue en mayo. Poco después llegó el interés del Madrid. Florentino llamó un día a Sergio y le preguntó que si quería jugar en el Madrid. No era una pregunta obvia, el presidente quería saber si estábamos convencidos de dar el salto. Sergio dijo que sí y entonces Florentino simplemente le dijo: «No te preocupes, que jugarás en el Madrid».

Y cumplió su palabra. Desde entonces todo han sido por su parte muestras de apoyo al jugador y a la persona.

Los primeros meses en Madrid fueron muy duros. Dos meses largos en la habitación de un hotel, puerta con puerta con él, se hacen pesados. Pero cuando dimos el paso sabíamos dónde veníamos y que nada iba a ser fácil, como así fue realmente. La primera temporada fue tremenda, cambio de entrenador, de presidente...

En esos dos primeros años tengo que reconocer que tuvimos ofertas para salir del Madrid, pero nunca nos planteamos la posibilidad realmente porque estábamos donde queríamos estar. En un viaje a Milán nos vimos con gente del club rossonero y del Inter. Luego, más adelante, cuando Ronaldo regresó al Milán, también hubo un intento. Él habló muy bien de Sergio y como ya le conocían, insistieron.

Nosotros en el Madrid hemos ido mejorando nuestras condiciones. Primero en la etapa de Ramón Calderón y después ya con Florentino Pérez firmamos un contrato hasta 2017. Estamos contentos y nos sentimos valorados. Llamadas siempre surgen porque es un jugador que está en el escaparate. Ha ganados dos Eurocopas, un Mundial, tiene 26 años. Te llaman y te dicen que el Manchester City está muy interesado, también el United. En la época de Mourinho en el Inter, un día nos llegaron a tantear a través de Sneijder desde Rusia. Si escuchas lo que te ofrecen es para volverte loco y precisamente Sergio lo que quiere es tener los pies en el suelo, como siempre los ha tenido.

Sergio está ahora en un momento muy importante de su vida. Ha madurado mucho y yo, que estoy a su lado, me doy cuenta mejor que nadie. Tiene nuevas ilusiones y proyectos. Lleva cinco años como embajador de la UNICEF y colabora también con la Fundación del Real Madrid, que ha abierto una escuela de fútbol en Camas, con la Fundación APASCOVI -una entidad cuyo objetivo es ayudar a mejorar la calidad de vida de las personas con discapacidad y sus familias- y también con la Fundación Pequeños Deseos Estamos abiertos a todas esas ayudas solidarias que Sergio hace realmente sin darle publicidad, como visitas a hospitales, también hemos visitado cárceles para ayudar a los presos Uno de los días que más impresionado quedó fue cuando hizo de Rey Mago en la cabalgata de Camas.

Historias de hermana, **Miriam**

Siempre fue un niño muy alegre y siempre le recuerdo jugando en la calle con la pelota. No era mal estudiante, pero como siempre estaba pensando en jugar los estudios no eran lo más importante para él. Le gustaban el dibujo y la gimnasia. Era muy inteligente. Leía una cosa y la memorizaba al segundo y no se le olvidaba. En Camas todos le llamaban Schuster porque era rubio y llevaba el pelo como el jugador alemán.

Siempre ha sido muy ligón. Era muy suelto de boca, muy salado y las chicas se lo rifaban. Desde pequeño era muy orgulloso. Nunca pedía perdón, pero tampoco se quejaba si le castigaban. Se iba a su cuarto sin rechistar. Nos peleábamos mucho, pero no podíamos estar separados. Yo le preparaba hasta el desayuno.

Para todos siempre fue el niño chico de la familia. En verdad yo he tenido tres padres, el de verdad y mis dos hermanos que me querían proteger de todo, pero el que más Sergio porque estamos mucho más cercanos en edad y en su infancia nos pasábamos el día juntos. Íbamos al mismo colegio, yo estaba dos cursos por encima de él, éramos de la misma pandilla, aunque él me «echaba» por ser niña.

Él no quería que estuviera siempre a su lado y me echaba. Yo me quejaba a mi padre y le terminaban echando la bronca. Se ponía de mal humor porque yo encima le hacía gestos de burla.

Posiblemente yo fui la que menos valoré en su momento que se fuera tan pequeño a jugar a un equipo como el Sevilla. La vida nos cambió un poco porque había que estar pendientes de llevarle y de traerle. Recuerdo que mis padres, según iba subiendo de categoría, nos decían que nuestro comportamiento fuera el mismo. No queríamos que se lo creyese pero claro, para todos era una alegría verle crecer y que la gente ya hablase de él. Las vacaciones también cambiaron porque comenzó a ir con las selecciones inferiores y ya no nos pasábamos tanto tiempo en la playa como cuando éramos más chicos.

Sergio era un especialista en ponerle motes a los coches que teníamos. Al Ford Fiesta verde le puso «Lanzallamas» porque por el tubo de escape echaba de todo; a su primer coche, un Audi 3, le puso «Bala Roja».

Luego nos fuimos a vivir a Tomares en las Navidades del 98. El último año que vivimos en Camas nos cambiamos de colegio. Nos fuimos al Instituto Alixar, en Castilleja de la Cuesta. Nos llevaba mi padre, que se sacó el carné de taxista profesional porque estaba todo el día de un lado para otro. En Tomares cambiamos de pandilla, pero nosotros seguíamos juntos siempre que podíamos, aunque él ya llegaba tarde de los entrenamientos y teníamos menos tiempo para jugar en la calle.

Lo más traumático para mí fue cuando fichó por el Real Madrid y nos fuimos todos con él. El día de la presentación nunca lo olvidaré. Mi madre y yo nos dimos una buena panzada a llorar. Mi vida cambió totalmente. Yo trabajaba en una tienda en el centro comercial de Nervión y dejé todo, mis amistades, mi trabajo. Nuestros padres tenían claro que debíamos estar los cuatro con él. Vivimos dos meses en el hotel Mirasierra, se nos hizo eterno. Luego ya nos fuimos a vivir a una casa al Parque Conde de Orgaz. Mi madre y yo íbamos y veníamos a Sevilla, pero mi padre y René no se separaban de su lado.

Yo sé que soy su niña bonita. Desde que comenzó a ganar su dinerillo me hacia regalos. El primero que yo recuerdo así especialmente fue un bolso de marca. A mí los bolsos me encantan. En sus gustos Sergio es muy sencillo. Hace años, por ejemplo, no le gustaba la moda. Con tres chándales era feliz. Ahora sin embargo sí le gusta. Vamos mucho de compras los dos.

Él con su música, con su flamenco y sus amigos se lo pasa bomba. Los toros le encantan y estoy segura de que cuando se retire le va a pegar un tiento a una vaquilla. Ahora se siente feliz cuando se va a la finca.

Con los tatuajes hemos tenido alguna anécdota buena. El primero que se hizo fue un duende. Tendría 15 años. Él intentaba medio esconderlo con la camiseta, pero un día se lo vio mi padre y se lió buena. Al principio no nos gustaba, pero luego lo dejamos ya por imposible.

Historias de cuñado, **Carlos**

Conocí a Sergio realmente cuando se vinieron a vivir a Tomares. Éramos vecinos, mi familia en el bloque seis y ellos en el bloque cinco. Pero antes nos habíamos enfrentado en algún partido cuando él jugaba en el Camas y yo en el Tomares. Me acordaba perfectamente de él porque llevaba unas botas Nike con rayas amarillas. Ese partido yo jugaba en la banda derecha y él en la izquierda y nos enfrentamos directamente. A mí también me llamaban Schuster, como a él, porque también era rubio y tenía los pelos muy parecidos.

Sergio destacaba desde el principio porque era muy canijo, pero tenía mucho desparpajo jugando, no paraba de correr, te las hacía por todos lados. Luego ya en Tomares jugábamos todos los días en el campo que teníamos en la urbanización. Mis padres siguen viviendo allí y yo hasta que me casé con Miriam, también.

Aunque nos movíamos mucho en pandilla, Sergio y yo comenzamos a congeniar. En el 99 además comencé a salir con su hermana y como ella estaba todo el día con él, pues al final estábamos los tres, mejor dicho los cuatro porque Sergio también era inseparable de su amigo Mundi y al final éramos los cuatro siempre para arriba y para abajo.

Cuando comenzó a jugar en el Sevilla ya no salía. Con 13-14 años ya era muy responsable. Nos íbamos todos a su casa, comprá-

bamos unas pizzas o una hamburguesas y nos poníamos a escuchar música, a jugar alguna partida de play, pero él tampoco era mucho de play. Su padre estaba muy encima de él y también su hermano. Le pedían compromiso. Si algún día llegábamos tarde nos iba a buscar, siempre quería saber dónde íbamos.

El fútbol era su vida y por lo tanto la nuestra. Íbamos a verle jugar casi siempre y le vimos subir peldaño a peldaño. En su debut en Segunda B hizo un penalti y le quitaron en el descanso. El día del debut en Primera en Riazor, contra el Deportivo, también le pegó un buen meneo a Luque, que ahora es uno de sus mejores amigos. Tenía mucha fuerza; bueno, y la tiene. Era algo natural. Si chocabas con él, caías seguro.

Siempre ha sido muy bueno para los deportes, aunque algunos no ha podido practicarlos. Le gustaba todo lo que tenía ruedas, hasta los patines. Y en verano juega mucho al tenis contra nuestro amigo Mundi, que es muy bueno, y le gana. Le gusta apostar a todo, pero sobre todo cuando sabe que va a ganar. Es poco casero, es más de aire libre. Por eso ahora con la finca está como loco.

Es un tipo «echao palante». No se arruga nunca. Y va de frente. No se calla una. Es un poco orgulloso y le cuesta pedir perdón, aunque ahora con los años ya lo pide,

pero a su manera, no directamente. Es muy complicado discutir con él porque sabe escuchar, pero siempre dice que él da tres oportunidades en la vida a la gente y si le fallas a la tercera, te hace la cruz y ya es para toda la vida.

Historias de amigo, **Samuel**

«Mi nombre es Samuel Jiménez. Soy dos años mayor que Sergio, tengo 28, y nací en Madrid aunque por el traslado de trabajo de mi padre, fuimos a vivir a Jardín Atalaya, en el mismo bloque que Sergio y su familia. Nosotros vivíamos en el piso de arriba. Nuestros padres son amigos desde siempre y nosotros estábamos todos los días juntos. Yo iba al curso de Miriam, su hermana, dos por delante de él. Entonces nos pasábamos el día en la calle.

Nuestra fortaleza diaria era la plazoleta, justo delante del portal. Todos los días nos llevábamos bronca de los vecinos por los pelotazos que pegábamos. Su primer equipo se llamaba Atalaya y era de fútbol sala. Era el más pequeño de todos, dos o tres años menos que los demás. Ya se le veían maneras, pero no había equipos de su categoría y jugaba con los más mayores. Luego, como René jugaba en el juvenil del Camas, le metieron como «gato» en el pre benjamín de ocho años, cuando Sergio tenía seis.

Allí coincidimos. Él era extremo derecho y yo interior. Fútbol once. Estábamos muy compenetrados porque jugábamos mucho en la calle juntos. Destacaba por su melena rubia y porque era mucho más bajito que el resto, pero luchaba más que nadie. Ya tenía casta. El entrenador nos decía que justo el más pequeño era el más valiente de todos. Y allí estuvimos hasta que se lo llevó el Sevilla. Para ser dos años menor destacaba de forma notable y lo puedo decir yo que sigo jugando al fútbol, aunque sea en Primera Regional andaluza.

Una de sus grandes virtudes era que no se arrugaba nunca. Jugaba contra niños mucho más desarrollados y no se cortaba. Tenía casta y velocidad. Yo cuando podía iba a verle jugar. Verle con la camiseta del Sevilla impresionaba. Le veíamos menos por la calle. Pasó de entrenarse tres días con el Camas a hacerlo todos los días con el Sevilla. Muchas veces le esperábamos en la el portal a que volviera y le pedíamos que nos contara las batallitas del entrenamiento. Teníamos una envidia sana de él. Comenzó a jugar en la sevillana, en la andaluza y todo el barrio le seguía, era el ejemplo. Todos queríamos ser Sergio y queremos seguir siendo Sergio.

Todo el mundo le llamaba Schuster, pero yo le llamaba Cascorrón porque llevaba el pelo como si se lo hubieran cortado a cacerola.

Éramos lo gamberretes que se puede ser a esa edad. Una de nuestras distracciones era ir los fines de semana a espiar a las parejas en los coches. Alguno se llevó un buen susto con nosotros y alguna rueda se desinfló a medias, sin que nadie quisiera ni supiera porqué. Sergio, como corría mucho, no tenía problemas en la huida. Los más osados tiraban piedras y huevos a los coches, pero nosotros éramos más de las ruedas.

Le gustaban ya mucho los animales, sobre todo los caballos, y muchos fines de semana iba a picaderos a montar. Era tan canijo que sólo se veía caballo. Le gustaba el campo, hacíamos candelas, asábamos castañas, tendríamos 10-12 años todos los de la pandilla y él era el más pequeño, pero no se cortaba nada. Se ponía las botas de agua e iba a buscar ranas. Nunca le pillaban de tonto por ser el de menos edad. Es más, era quien más bromas gastaba y salía corriendo y no había quien lo cogiera. Además trepaba a los árboles como un mono.

No era peleón como tal, pero si le buscaban nunca daba un paso atrás. Iba al frente. Jugando, también. No se dejaba avasallar. Con las niñas era ligoncete. En el colegio iban a verle por su pelo rubio y porque se dejaba ver. Decían entonces que ya era guapo. Él siempre estaba con su hermana Miriam.

Ya entonces le gustaban los toros. Con la chaqueta del chándal pegaba sus capotazos. Estuvo a punto de meterse en la Escuela Taurina. René le llamaba Paquirrín.

Íbamos bastante al cine. Nos llevaba su padre. Le gustaban las películas de risa y de acción. Salvo el fútbol, no tenía otras inquietudes muy claras. La consola le gustaba lo justo. Era más de aire libre. Lo de trepar a los árboles le encantaba. En casa paraba lo justo. Le gustaban los partiditos dos contra dos y contra otros barrios. Le motivaban. Incluso hacíamos partidos de tres y cuatro barrios. Rey de pista, los llamábamos. Tiempo y gol. El que metía un gol se quedaba en el campo. La verdad es que entonces ya marcaba la diferencia.

A los doce años él se fue a vivir a Tomares y yo a Triana. Seguí al paso su carrera futbolística. Nos enfrentamos en Liga Nacional. Él iba un año adelantado, era juvenil de primer año y jugaba con el de segundo año. Yo estaba en el San Juan de Aznalfarache. Fue emocionante por ambas partes. Cuando se fue al Sevilla mejoró mucho futbolísticamente, quieras o no se nota que se entrenaba todos los días. Cuando podía le iba a buscar a los entrenamientos, incluso me dejaban entrar a los de puerta cerrada. Manteníamos la amistad, tanto que cuando debutó en Primera con el Sevilla en Riazor me guardó las botas y me las regaló.

Cuando se fue al Madrid fue lo máximo. Yo he sido madridista de toda la vida. Él de pequeño era del Deportivo y se paseaba con una camiseta de Bebeto. Decía que le gustaba por las chilenas. No llevaba otras camisetas, si acaso del Sevilla cuando ya estaba allí. Lo pasé mal cuando vino por primera vez al Sánchez Pizjuán con la camiseta del Madrid. Le llamaron de todo. Sentí impotencia. No me podía enfrentar a la gente, pero Sergio no se lo merecía. La gente le insultaba desde el desconocimiento. Los que le abucheaban seguro que al cien por cien hubieran hecho lo mismo si hubieran estado en su situación, además de que no se contó la verdad.

Al Madrid no se le puede decir que no. He ido bastantes veces al Bernabéu a verle. Uno de esos días nunca se me olvidará porque destituyeron a Schuster después de perder contra el Sevilla, 2-3 con el último gol de Renato. Juande Ramos, que sustituyó al alemán después, estaba a mi lado. Fue cuando Schuster dijo que en el Camp Nou no se podía ganar.

Mantenemos la amistad. Nos intercambiamos fotos, pero intento molestarle lo menos posible. Le he pedido un par de camisetas firmadas y sus dedicatorias siempre han sido especiales.

Historias de amigo, **Mundi**

Mi nombre es Raimundo Gómez Pino, soy del 84 y tengo casi dos años más, aunque para Sergio y toda nuestra pandilla siempre he sido «el Mundi». Le conozco desde cuando llega a Tomares, de donde yo soy, con 11-12 años. Vivo cerca de donde él, en Santa Eugenia, y soy amigo de Carlos, que vivía en El Mirador, su misma urbanización, y que toda la vida ha salido con su hermana y ahora se han casado.

Una vez que me he presentado en sociedad, puedo decir que rápidamente hicimos buenas migas. Todo comenzó en el campito de fútbol sala que allí había. Nuestro nexo de unión fue el fútbol. Yo jugaba bien, según decían. Era media punta. Él se picaba. Jugábamos mucho uno contra uno a todo campo. A veces lo hacíamos también con patines. Sí, futbol con patines. Nos encantaba jugar lloviendo. Hacíamos conducciones, regates, teníamos nuestras reglas, no se podía entrar de lejos, había que entrar en el área. Nos dábamos mucha caña. Mucha. Él me daba más porque era más bruto y fuerte.

Pasábamos muchas horas en nuestras respectivas casas, estudiando, jugando. Como Carlos y yo éramos uña y carne y él comenzó a salir con Miriam, el círculo se cerró aún más. No salíamos mucho porque él la víspera de partidos no se movía, pero nos lo pasábamos bien. Nos gustaba gastar bromas telefónicas, nos hacíamos pasar por alguien, cosas de chavales sin más. Ya un poco más mayores si salíamos a Sevilla a tomar algo, volvíamos en taxi porque no teníamos carné

y si nos habíamos quedado sin dinero hacíamos algún «simpa». Sergio corría que se las pelaba, a él nunca le pillaban

Su padre, José María, estaba muy pendiente de él y René tenía mucha influencia en todo. Se metía mucho con nosotros por cómo vestíamos. Decía que éramos dos catetos porque nos poníamos camisas más de vestir para salir

Los primeros años en el Sevilla hubo momentos difíciles. Es muy difícil triunfar en una cantera como la de Nervión. Todos hablaban de él. «Vas a comer del fútbol», le decían. Yo era más escéptico y mira que sabía que era bueno. Dejó de estudiar.

Yo había escuchado en mi familia siempre que el mundo del fútbol era muy complicado y nunca te puedes fiar. Salió adelante. Realmente era, y es, bueno.

Aunque se fuera a Madrid nuestra relación continuó. Cuando está en Sevilla nos vemos y también vamos a la finca. Sergio siempre ha tenido grandes detalles conmigo. En las botas de la Eurocopa 2008 en un lateral ponía «Schuster4Camas» y en el otro mi nombre «Mundi». Me las regaló, tengo unas azules y otras amarillas. Me ha regalado camisetas de esa Eurocopa, del Mundial y además estuve allí, en las dos competiciones. Esta última no pude ir por trabajo. Está siempre regalándome chándales, camisetas, chubasqueros Yo no le pido, pero él es generoso con los suyos. Mucho.

Creo que fue clave que su familia se fuera con él a Madrid. Con 18 años, por muy maduro que seas, y Sergio lo era para su edad, lo más fácil es que te confundas y te pierdas. Pero sus padres siempre estuvieron ahí. Y René.

Nunca ha sido de contarnos muchas historias del equipo o de la selección. Creo que él quiere desconectar cuando está con nosotros. Se mete mucho en sí mismo. Si se pone a contar, cuenta lo bueno y lo malo. En el Madrid no ha sido todo bueno. Lo ha pasado mal en algunos momentos. Es muy sensible, sobre todo con la familia. Lo pasó mal cuando murió su abuelo paterno, Pepín, y su abuela materna, Reyes. Aunque es muy reservado en esos momentos, te das cuenta de que está sufriendo. También cuando lo de Antonio Puerta, sobre todo por la manera en que sucedió.

Hemos ido de vacaciones mucho juntos. A Isla Canela varios años, a Ibiza, a Marbella. Este año, a Ibiza y a Miami. Le gusta coger coquinas. Su afición por los toros es ya conocida, no descubro nada. Yo le he visto dar un par de capotazos con Talavante. René le decía que no se metiera, que no se metiera, que lo tenía prohibido, pero él vio a la vaquilla y se metió, fue en un cumpleaños de Miriam hace ya bastante tiempo. Tiene dotes de torero. Se le ve cuando torea de salón.

Sergio hubiese sido lo que hubiese querido. Siempre tuvo las ideas muy claras, es muy perseverante y muy orgulloso. Según ha ido madurando ha ido cambiando porque antes no pedía perdón nunca y cuando lo pedía lo hacía a su manera Te llamaba más, te preguntaba cosas. Ahora no te dice directamente que se ha equivocado, pero te dice que ese es su punto de vista y todos entendemos que está pidiendo disculpas.

Es muy de amigos, de meterse en su casa o en la finca, con el flamenco y la guitarra. No es tanto de salir fuera como pueda pensar la gente porque le vea un día después de un partido. Es muy auténtico, no ha cambiado nada en su relación conmigo o su grupo de amigos de hace años.

JUAN CARLOS I, REY DE ESPAÑA
FIFA
Austria-Switzerland
SUPERCOPA
CHILE
TEAM

15
adidas

MAN OF THE MATCH AWARD
EURO2012
Carlsberg

CONSEJO REGULADOR
ACERBIS
HONOR
ACERBIS
15

ASÍ LE VEN

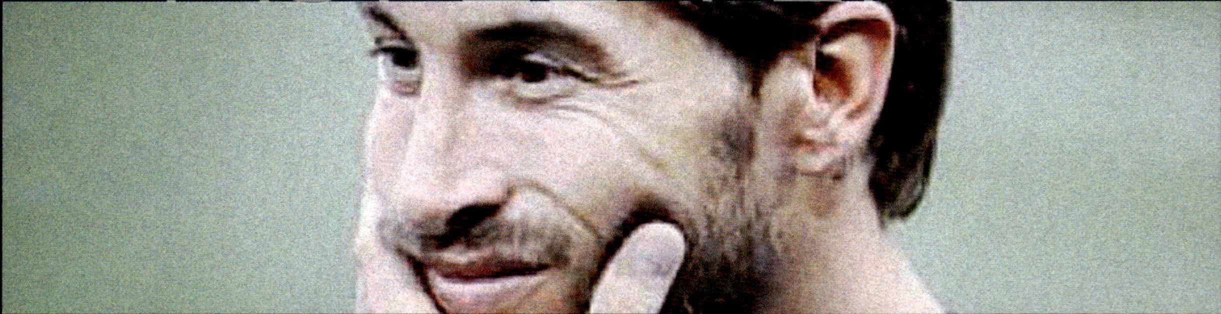

ASÍ

LE VEN

«UNA IMAGEN QUE NUNCA OLVIDARÉ ES LA DE SERGIO LLEGANDO A LAS ROZAS, A UNA CONCENTRACIÓN DE LA SELECCIÓN, CON UN TRAJE BLANCO Y SU MELENITA AL VIENTO. ERA CUANDO SE HABLABA DE SU FICHAJE POR EL REAL MADRID Y PENSÉ QUE ERA UNA BUENA SEÑAL, PORQUE HAY QUE TENER CARÁCTER, VALENTÍA Y OTRAS COSAS PARA PONERSE ESE TRAJE MADRE MÍA ¡QUÉ PINTA LLEVABA!».

Joaquín **Caparrós**
(Entrenador)

«HA NACIDO PARA COMPETIR»

Le conozco desde que tenía 16 años y ya era lo que se percibe ahora. Su comportamiento en el vestuario no era normal. A esa edad lo lógico es que estuviera cohibido, pero ya daba dos golpes en la taquilla y animaba a todos los demás. A medida que ha ido creciendo esa capacidad de liderazgo, que siempre ha tenido, se ha agigantado.

Pablo Blanco fue el primero que me avisó sobre él. Fui a verle entrenarse y efectivamente tenía talento y fuerza. Le fuimos metiendo poco a poco, pero él tenía prisa. Hablé también con los seleccionadores de su categoría.

Tiene genes de líder. Ha nacido para competir. Es uno de los elegidos. Si se hubiera dedicado al tenis sería jugador de Copa Davis, si se hubiera dedicado a la natación sería olímpico Transmite seguridad en sus posibilidades y eso lo compañeros lo perciben desde el primer día.

Ya era profesional antes de ser profesional. Era un chico muy machacón, se quedaba después de los entrenamientos para perfeccionar cosas, atendía a todo lo que le decían: cómo cubrir el balón, cómo sacar los centros, cómo utilizar los brazos. Comenzó de lateral, luego pasó a central y yo estuve a punto de ponerle un día de delantero centro. Tenía lesionados a Makukula y Carlitos. Sergio jugaba atrás pero tenía todas las condiciones del delantero: buen remate con las dos piernas, buen salto, buen remate de cabeza.

Aprendió mucho de Javi Navarro y Pablo Alfaro, dos futbolistas que tenían unos hábitos de trabajo, que tenían una hora de entrada a entrenarse pero nunca una hora de salida. Una rutina antes y después. Él lo veía con 16 y 17 años y entonces se dio cuenta de que un futbolista vive de su cuerpo y tiene que cuidarlo con gimnasio, con recuperación.

Era valiente. No se arrugaba. Recuerdo un día que Darío Silva le entró fuerte al cruce. Sergio se quedó dudando. Le dije que a la siguiente si se «cagaba» lo mandaba al vestuario, no se cagó y entró más fuerte que el uruguayo.

No es fácil llegar al Madrid a su edad y sin embargo se adaptó como si fuera de allí. No sólo era la parte futbolística, era la ciudad, la noche Él cuenta con una gran ventaja, su entorno familiar, que se fue a Madrid con él y le ayudó y le ayuda en todo momento.

Fabio **Capello**
(Entrenador)

«ME PEDÍA ENTRENARSE MÁS Y MÁS»

Es un chaval que aprecio como persona y como futbolista porque es de los que quieren mejorar y mejorar en todos los sentidos. Si me pongo en el papel de entrenador, tengo que valorar su predisposición al trabajo. Le gustaba entrenarse de verdad. Llegaba todos los días con ganas. Era muy serio en su trabajo.

Se quedaba después del entrenamiento a chutar a puerta, a centrar. Es de esos jugadores con los que los entrenadores disfrutamos porque hasta en los entrenamientos personales se entregan al máximo. Tengo en mi cabeza jugadores como él, que me pedían entrenarse más y curiosamente todos son grandes. Van Basten se quedaba a rematar y rematar desde cualquier posición. Ibrahimovic, igual. Cuando yo le conocía chutaba a puerta y rompía las ventanas del vestuario. Sus remates nunca iban a puerta, ahora todos vemos lo que es el sueco.

Sergio es de esos, perfeccionista. No es casualidad que pueda jugar de lateral y de central. Como lateral ha sido uno de los mejores que he tenido. Tiene llegada, fuerza, calidad, buena visión del pase, técnica Como central, entonces, estoy hablando hace seis años, se despistaba un poco más, no controlaba a los contrarios en determinados momentos. Sin embargo ahora he visto que ha mejorado mucho, muchísimo en este sentido y creo que lo tiene todo para ser un gran central.

Como persona era un chaval educado, amable, muy serio, el clásico jugador de equipo que siempre piensa en el equipo. Recuerdo que llegaba siempre al desayuno y se tomaba sus rebanadas de pan con tomate y aceite, muy andaluz Me gustaba cómo hablaba, cómo se comportaba en el grupo.

Roberto **Carlos**
(Ex-futbolista)

«SERÁ UN BARESI, UN CANNAVARO»

Cuando estaba en el Sevilla ya habíamos hablado de él en el vestuario del Madrid. Cuando llegó me llamó la atención esa pinta de gitano que tenía. Era muy cariñoso, muy educado, muy buena gente. Se adaptó rápido, no, rapidísimo. Ya venía como un jugador importante aunque tuviera 18 años.

Se notaba que era ambicioso, que quería triunfar en el fútbol. Eso se percibe cuando compartes vestuario todos los días con un compañero. Desde el principio congeniamos a pesar de la diferencia de edad. Salimos juntos con las familias. Lo que nunca le perdonaré es que nunca me llevó a torear.

En el avión nos sentábamos siempre juntos, con Ronaldo. Se pasaba el viaje contándonos historias del Sevilla. Creo que teníamos muchas cosas en común, una de ellas es la más importante: nos divertimos jugando al fútbol.

Teníamos nuestra complicidad dentro del campo. Los entrenadores nos decían que no subiéramos al ataque los dos a la vez, pero muchas veces no les hacíamos caso y yo subía a pesar de que él estuviera ya corriendo la banda. Nos mirábamos en la distancia y nos reíamos. A él, como a mí, le gustaba más atacar que defender. Era y es un portento físico. Me está superando en todo, sobre todo en goles.

No me hizo mucha gracia que mejorara mi media, pero no me piqué con él. Mejor que te supere un amigo que uno que no conoces. Cuando jugaba de lateral yo le decía que acabaría de central porque con su fuerza y su poder de recuperación en esa zona nunca tendrá problemas. Además ofrece tanta seguridad que creo que hace mejores a los que están a su lado y Pepe o Piqué podrían decir lo que es tenerle cerca.

Estoy seguro que Sergio va a hacer historia en el fútbol. Ya la he hecho, pero mucho más. Va a ser como Franco Baresi o Fabio Cannavaro. Hace mucho tiempo dije que sería uno de los tres mejores del mundo en su puesto y ya lo es. Está nominado para el Balón de Oro.

Fernando **Torres**
(Futbolista)

«ME DA ENVIDIA SU TREMENDA PERSONALIDAD»

Lo que siempre me llamó la atención de Sergio cuando comenzamos a conocernos hace ya unos cuantos años fue que es una persona de valores, con una personalidad clara, fiel a sus ideas y que las defiende delante de cualquiera. Con 18 años ya se veía que sabía lo que quería. No es cuestión de rebeldía, es cuestión de principios. Le molesta que la gente tenga una opinión equivocada sobre él y a mí, en cierto modo, es algo que también me ha pasado y me pasa.

Sergio siempre habla a la cara. Defiende sus ideas. Todo lo que piensa lo dice y no da su brazo a torcer fácilmente. Ha tenido problemas con algunos entrenadores pero no porque no tenga muy claro los escalones y quién es el que manda, que eso lo tiene clarísimo y es el primero que lo respeta, si tiene algún roce es por defender lo que él piensa.

Con Luis Aragonés, por ejemplo. En la primera Eurocopa tuvo algún cambio de impresiones y lo hizo a la cara, con sus compañeros delante. Luis le ayudó mucho y Sergio lo sabe, pero el día que pensó que el míster se había saltado los códigos se lo dijo. Quizás por eso siempre nos entendimos bien. Creo que somos parecidos. Nos gustan las mismas cosas y nos molestan las mismas cosas.

Hemos sido centro de atención mediática desde muy jóvenes y sabemos lo que se pasa. Desde que yo me fui a Inglaterra posiblemente hablemos y nos veamos menos que antes, pero no hace falta hablar todos los días para mantener una amistad y nosotros la tenemos. Se nota por las dos partes. Él sabe que conmigo puede contar para lo que quiera y yo sé que siempre estará ahí para ayudarme si lo necesito.

Creo que está llamado a ser un líder de nuestro grupo de la selección y de su equipo, si no lo es ya, que creo que sí. Futbolísticamente lo tiene todo. Físico y técnica. El secreto de su éxito está en su cabeza. Otros jugadores pueden tener esas condiciones y

no llegan donde él ha llegado. Hay que ser muy fuerte para tirar el penalti a lo Panenka como hizo en la Eurocopa después de haber fallado el de la Champions. Yo no lo hubiera hecho ni loco. Fallé en el Atlético cuatro o cinco y si me tocaba sólo pensaba en asegurar. Él, si hubiera fallado, repetiría otro igual y lo tiraría con la misma confianza. Y esa confianza, esa cabeza, es la que no debe perder nunca. Me da envidia, en ese sentido, la tremenda personalidad que tiene.

Cuando yo estaba en el Atlético tuvimos un día un buen pique. Le expulsaron en una acción conmigo. Me puso la mano en la cara y le enseñaron la segunda tarjeta. Me caí y no hice teatro. Fue en el Bernabéu. Me reprochó que no había sido para tanto, que me había tirado Me había metido el dedo en el ojo, no sé que quería que hiciera

Un día antes del Mundial de Alemania tuvimos una buena en un día libre. De repente se vino hacia mí, me cogió del pecho y me puso contra la pared. Pensó que yo le he había gastado una broma, mejor dicho una «putada». Yo le juraba y le juraba que no le había hecho nada. Me llevó a su habitación y le habían dejado un «regalito» en su mini bar. Fuimos a la mía y yo tenía otro... Al final había sido otro el de los «regalitos». Aquél día no fuimos ninguno, pero por si acaso me gusta estar siempre como aliado suyo, de su parte, es malo para hacer bromas Pero no tiene maldad, además siempre sabe a quién se las hace y a quién no.

Yo quiero siempre a Sergio en mi equipo. No te va a dejar tirado nunca, ni te va a decepcionar jamás. Así que si el Madrid no lo quiere, ya sabe dónde puede venirse…

Vicente **del Bosque**
(Seleccionador)

«TIENE UNA AMBICIÓN MUY POSITIVA»

Tanto futbolísticamente como personalmente es un chico con el que se puede ir al fin del mundo. Destacaría su ambición, pero una ambición sana, positiva. Tiene en su cabeza donde quiere llegar y sin duda llegará. Se nota que está muy bien enseñado, que ha crecido al lado de jugadores como Raúl, Iker, Xabi Alonso que fueron superando etapas y records y él quiere seguir en esa estela.

Ahora está pendiente de los cien partidos internacionales. Y no es para menos porque con la edad que tiene estar a punto de conseguirlo no está al alcance de cualquiera y él llegará donde se proponga porque trabaja diariamente para ello. Está loco siempre por venir a la Selección y nunca escatima esfuerzos.

Futbolísticamente ha evolucionado mucho y en todos los aspectos del juego. Física, técnica, emocionalmente. Cada día está más asentado y tiene un gran futuro por delante. Casi da miedo pensar dónde puede llegar. Es de esos jugadores capaces de jugar en todos los puestos y en todos los dibujos tácticos porque sus condiciones se adaptan a ellos.

Es un chico muy enriquecido en ese sentido. Incluso podría ser, creo yo, un buen mediocentro defensivo, posición en la que ha jugado hace unos años. Creo que su proceso de formación ha sido lento y eso le ha beneficiado ahora. Comenzó de lateral y ahora ha dado un paso adelante jugando de central, que puede ser un puesto con más responsabilidad, al que se da más valor o jerarquía, aunque yo no restaría méritos a los laterales.

En los tiempos actuales es una demarcación muy importante en el fútbol. Los laterales si hacen bien su doble función de defender y atacar, por ese orden, son imprescindibles en un buen equipo y Sergio sabe todos los secretos del puesto porque ha jugado ahí muchos años e incluso sigue jugando cuando su equipo lo necesita.

De central creo que está todavía en etapa de aprendizaje, debe ir corrigiendo errores. Tiene que ser simple y seguro. No complicarse la vida. Tiene unas facultades físicas portentosas, no se arredra nunca, es muy difícil de rebasar, sabe temporizar bien, tiene un buen pase, es seguro con el balón en los pies

Raúl **Albiol**
(Futbolista)

«ÉRAMOS COMPAÑEROS DE HABITACIÓN EN LA SUB-19»

Lo nuestro es una relación estable. Somos compañeros de habitación desde la selección sub-19, cuando fuimos campeones de Europa en Suiza. Entonces yo jugaba de mediocentro y él de lateral derecho. Nos conocimos en la fase de clasificación, nos caímos bien y pedimos estar juntos en la fase final. Entonces ya era un tanto cachondo, siempre se estaba riendo y de buen humor.

Era el más joven del equipo pero ya se le veía el potencial. Poco después de ese torneo ya dio el paso a la sub-21. Iba muy deprisa. La absoluta tampoco se le resistió mucho más. Estaba claro que si no le pasaba nada iba a llegar lejos. Son cosas de las que los futbolistas nos damos cuenta.

En agosto, mes y medio después del Campeonato de Suiza, fue cuando tuve el grave accidente de circulación y estuve mucho tiempo en la UVI; cuando me pasaron a planta, mi padre me dijo que Sergio había llamado todos los días por teléfono, que había querido venir a verme no sé cuantas veces. Fue un duro golpe para él después de haber estado conmigo un mes completo. Siempre se lo agradeceré. Quién nos iba a decir a los dos que después seríamos compañeros de equipo en el Real Madrid.

Ahora también estamos casi siempre juntos, en los entrenamientos, en las concentraciones. Es el culpable de que no pueda dormir por las noches porque siempre acaban él, Navas y Arbeloa en mi habitación para jugar al parchís y terminan destrozándomela. Cuando tienen hambre piden comida y me dejan allí todo tirado y sucio. Y luego es muy pesado con la música. No nos deja dormir la siesta. Primero despierta a Iker, luego se va a por Xabi La pone a toda pastilla y de los que están cerca no duerme nadie.

Que haya pasado a jugar de central y pueda perjudicarme no ha enturbiado para nada nuestra relación. Sé perfectamente que son cuestiones de los entrenadores y circunstancias de la vida.

La última anécdota trascendente que hemos tenido fue en la Eurocopa, cuando iba a tirar el penalti. Fue al único que dijo como lo iba a tirar. ¿Qué le iba a decir? ¿Qué si estaba seguro? Que se lo pensara bien. Le dije que hiciera lo que quisiera pero desde luego yo estaba acojonado. Se lo comenté a otro compañero y se quedó mudo. Por momentos pensé que me podía estar vacilando, pero luego me di cuenta de que iba en serio. ¡Menos mal que le salió todo bien! Se lo merecía después del penalti del partido contra el Bayern.

Jesús **Navas**
(Futbolista)

«ES MI OTRO HERMANO MAYOR»

Nuestra relación siempre ha sido un poco curiosa porque yo soy unos meses mayor que Sergio e incluso debuté un poco antes en el primer equipo, sin embargo él siempre ha sido mi otro hermano mayor. Desde que nos conocimos, congeniamos. Nuestras familias también se llevan bien y eso siempre ayuda porque estás más tiempo juntos.

Desde que subió al primer equipo, Sergio ya tenía esa alma de líder que ahora demuestra tanto en el Madrid como en la selección. Es algo que va con el carácter, no con la edad. Me ha ayudado mucho cuando más lo he necesitado y siempre ha estado y está a mi lado, pendiente de mí.

Recuerdo especialmente los tiempos con la selección sub-21 en los que también estaba Puerta con nosotros. Siempre estábamos de broma y para nosotros era una aventura salir del Sevilla e ir juntos a la selección.

Ahora en la selección estamos siempre juntos, o en su habitación o en la mía. Jugamos mucho al parchís contra Arbeloa y Albiol. Se la liamos bien porque si vemos que vamos a perder les hacemos trampas.

En el campo cuando jugamos juntos nos entendemos con la mirada. Sabe cuando me la tienen que dar al pie o cuando voy a salir para dármela en largo. Yo le prefería de lateral porque me ayudaba mucho por la banda y además si me hacían una entrada dura, él siempre estaba cerca para defenderme, pero la verdad es que desde hace tiempo sabía que acabaría de central porque es un portento físico y en esa posición también puede desarrollar todas sus virtudes técnicas.

Todos dicen que es mi protector y a mí no me importa. Lo que sí ha sido siempre es un buen amigo que está siempre a mi lado y me aconseja en ocasiones cuando tengo dudas. Me transmite confianza y tranquilidad. A los compañeros les gastamos bromas. Voy yo primero y les hago alguna y cuando me van a dar, aparece Sergio y me salva. A Cesc le hacemos muchas de esas.

Fabio **Cannavaro**

(Ex-futbolista y compañero)

«CON SUS CONDICIONES PUEDE LLEGAR HASTA LOS 40»

Como jugador todo el mundo conoce a Sergio y sabe que es uno de los mejores defensas del mundo, tanto por lo que ha ganado, como por sus condiciones individuales. Es una fuerza de la naturaleza con una calidad importante para ser defensa. Lo tiene casi todo. Es un jugador moderno, que puede jugar en muchas posiciones.

Pero a mí cuando le conocí me llamó la atención su calidad humana. Era muy joven pero tenía las ideas muy claras. Siempre al lado de su familia, gente sencilla que le ha permitido trabajar y crecer en un mundo como el del fútbol, que no es fácil. Creo que la influencia que han tenido sus padres en él le ha permitido llegar adonde ha llegado.

Yo no lo conocía cuando llegué a España. Capello también me hizo referencias sobre Sergio, sobre sus ganas de aprender y trabajar. Se veía que iba a llegar. Conmigo hablaba mucho. Quería que le contara mis experiencias. Me preguntaba detalles puramente futbolísticos. Yo le hacía mucho hincapié en la colocación. El tenía y tiene mucha calidad y fuerza, pero de central es imprescindible saber estar en el sitio justo. Saber cuándo debe adelantarse, retrasarse. Además tiene que pensar que la fuerza con el tiempo se acaba y entonces es cuando tiene que comenzar a utilizar todo lo que ha aprendido.

Es un jugador que puede llegar a jugar hasta los cuarenta o cerca, como Maldini o Baresi. Con Mourinho me he dado cuenta de que ha mejorado mucho en esos aspectos del juego. Está comenzando a entender el puesto. Tiene que pensar antes lo que va a hacer en cada momento. Por ejemplo, en la Eurocopa última, en la final, tuvo un error ante Balotelli. Calculó mal y el delantero se marchó. Recuperó la posición por su fuerza, pero sin esa fuerza esa jugada podía haber acabado en gol. Nosotros llegamos a jugar juntos en el centro de la defensa unos cuantos partidos y ya entonces pensé que acabaría en esa posición.

Me decía que él quería también ganar un Mundial como yo y le contestaba -y ahí está él para confirmarlo- que seguro que lo ganaría porque la selección española, con los jugadores que tenía, tarde o temprano iba a comenzar a ganar competiciones importantes.

Yo notaba que me miraba con cariño pero también con un poco de admiración. Eso de ser defensa y que hubiera ganado el Balón de Oro, era algo que a él no le cuadraba. Y yo le miraba a él y me sentía reflejado. Yo de joven era igual. Con mi fuerza quería «matar» a todos, quería llegar a todos los balones, quería ser el más fuerte pero el tiempo te enseña que hay que dosificarse. Sergio tiene que aprender esas cosas y seguro que lo hace.

Raúl
(Ex-futbolista y compañero)

«SIEMPRE SUPE QUE IBA A LLEGAR DONDE ESTÁ»

Los que hemos salido de abajo, de la cantera, sea de la del Atlético, de la del Madrid o de la del Sevilla, sabemos valorar lo que cuesta llegar el primer día a un equipo tan grande como el Real Madrid y después mantenerse un tiempo considerable, unos más, otros menos. Cuando Sergio llegó al club intenté hacer lo que otros hicieron conmigo en su momento, ayudarle en todo lo que pudiera porque sabía cuáles podían ser sus necesidades en ese momento.

Como jugador de la casa y ya con experiencia en el primer equipo sabía lo importante que era que no se encontrara aislado, que tuviera a alguien a quien preguntarle o alguien que, simplemente, le fuera explicando las cosas, que no son siempre iguales en todos los equipos.

Con el tiempo, leí y me comentaron que Sergio me había agradecido públicamente el trato que le dispensé cuando llegó, quiso que todo el mundo supiera que le había ayudado y había estado pendiente de él. Era su manera de agradecérmelo. Escuchar o leer palabras de ese tipo te reconforta, porque muchas veces quieres ayudar a alguien, estás encima de él, le das consejos y no sabes si aciertas o no, si le estás cargando y cansando más que ayudándolo.

En el caso de Sergio se veía venir lo que es y lo que le queda por ser. Se integró al club con una rapidez digna de tener en cuenta, considerando que él no venía de la cantera, no conocía la casa. Venía de otro club y de otra ciudad, pero comprendió muy pronto lo que era el Real Madrid. Para su juventud se comportaba como un auténtico profesional en todos los sentidos. Dentro del campo era una fiera y fuera de él mantenía una actitud digna de elogio. Se veía que quería aprender y rápido. Fue una de las cosas que más me llamó la atención.

Con ese comportamiento, con esa integración, nunca dudé de que fuera a ser, en un futuro muy cercano, uno de los referentes del Real Madrid y también de la Selección, en la que también estuvimos juntos. Esas cosas se ven. No hay ninguna duda de que ya es una referencia clara de los dos equipos, tanto futbolísticamente como en el aspecto de grupo, de vestuario. Me alegro por él porque se lo merece. Ha trabajado para ello y los que estábamos a su lado sabemos perfectamente cómo ha conseguido llegar donde ha llegado.

Pablo **Alfaro**

(Ex-futbolista y compañero)

«TEN CUIDADO QUE ESE VA DIRECTO A POR TI»

Sonará a topicazo porque lo es, pero a Sergio Ramos, como a Reyes, como a Jesús Navas se les veía venir de lejos. Sergio comenzó a entrenarse con el primer equipo del Sevilla cuando era juvenil y ya nos dimos cuenta de que en un par de años se le iba a quedar pequeño hasta el primer equipo. Un día que jugamos un partidillo de entrenamiento contra el filial, Sergio ya jugó con nosotros y al terminar, mientras estábamos estirando, Caparrós, que era el entrenador, pasó por mi lado y me dijo: «Como viene el niño, Pablo, como un tiro, estate atento, ten cuidado»

No hizo falta que dijera más, con 35 años que tenía, todas las papeletas si Sergio jugaba me tocaban a mí y eso que estaba siendo titular y era el capitán. Desde los primeros días siempre estuvo cerca de Javi Navarro y de mí. Estuvimos cuatro años que lo jugábamos todo y él nos decía que éramos sus maestros. Nosotros tampoco le decíamos tantas cosas porque nos dábamos cuenta de que no hacía falta. Él observaba y las hacía. Él sabía lo que tenía que hacer y lo que no tenía que hacer.

Su entorno le ayudó mucho desde el principio, porque no era fácil con esa edad no subirse en ese duende que tiene Sevilla y que yo, que no soy de allí pero estoy bien arraigado, conozco perfectamente. Cuando se fue al Madrid pensamos que a lo peor lo pasaba mal con el cambio. Él era y es muy sevillano, muy de sus raíces, pero sin embargo desde la distancia vimos que no le impresionó lo más mínimo un vestuario como el del Real Madrid.

La cabeza siempre le ha funcionado bien. Tiene personalidad y una fortaleza mental extraordinaria que le permite, por ejemplo, lanzar un penalti como lo hizo en la Eurocopa, que puede parecer una inconsciencia, pero que para él no lo era por su seguridad, porque se sentía fuerte.

Javi **Navarro**
(Ex-futbolista y compañero)

«ERA UN CHAVAL VIVO, DE LA CALLE»

Cuando subió al primer equipo del Sevilla, le veíamos los más veteranos como un chaval con carácter, muy vivo, espabilado. Un chaval de la calle, muy de Sevilla, rozando el vacilón, pero al mismo tiempo sencillo, que sabía respetar a los más veteranos y que sabía en cada momento con quién se podía comportar de una forma o de otra. No se dejaba pisar, desde luego. Tenía sus ideas y con ellas iba hacia delante, pero también sabía escuchar, al menos con Pablo Alfaro y conmigo, que desde un principio estuvimos cerca de él porque él también se acercó a nosotros. Si a todo eso le sumas sus cualidades propiamente futbolísticas a ninguno nos extrañó que saliera una bomba, como ha salido. Y llegará donde quiera llegar porque su forma de ser le ayuda mucho. Es un chico de la calle con un carácter muy fuerte y una gran agresividad en su juego.

Como central que he sido me di cuenta rápidamente que tenía condiciones para jugar en el centro de la defensa. Ha ido mejorando muy deprisa y si hace lo que tiene que hacer en cada momento no sé dónde puede estar su límite, pero tiene que hacer las cosas sencillas, las que sabe. No debe arriesgar más de la cuenta. Él nos preguntaba cosas a Pablo y a mí, pero más que preguntar, se fijaba y aprendía rápido. En eso ha sido precoz. Repetíamos una acción, salir, quedarnos, y a la segunda vez la hacía casi mejor que nosotros. Era muy observador.

Al existir una diferencia de edad entre nosotros, él estaba más con los jóvenes, pero cuando hablábamos con él te dabas cuenta de que sabía perfectamente lo que quería. Tiene las ideas muy claras, primero es él y sobre sí mismo se va forjando su futuro. Yo le sigo en la distancia. Sé cómo le va por amigos comunes pero soy poco de teléfono y esas cosas, un poco descastado y ya me han dejado por imposible.

Albert **Luque**
(Ex-futbolista y compañero)

«ME DIO SUS DOS PRIMERAS PATADAS EN PRIMERA»

La primera patada de Sergio en Primera, me la dio a mí el día de su debut. Yo jugaba en el Deportivo y jugábamos en Riazor. Salió en la segunda parte. Se veía que era un niño, con el pelo larguito, y se coloca de lateral derecho, lo que le convierte en mi marcador. A la primera que voy a recibir, me entra muy fuerte por detrás y me pega en el tobillo. No le dije nada, pero me le quedé mirando fijamente como desafiándole y diciéndole: «baja un poco el ritmo, chico».

A los dos minutos me llega otro balón y otra vez que me hace lo mismo. Pensé, este chaval va al límite, pero tampoco le dije nada. Al poco tiempo me cambiaron y mi sorpresa fue cuando al final se vino hacia mí y me pidió la camiseta. Me quedé mirandolo y le dije: «Me has dado bien» Y me contestó: «es que era mi primer partido y tengo que aprovechar mi oportunidad».

Tal cual. Un par de años después, yo estaba en la selección absoluta y él iba con la sub-21 y entonces viajábamos juntos y nos veíamos en el avión. Como yo hablaba mucho con Reyes y Sergio estaba con él, pues comenzamos a hablar, pero tampoco mucho. Cuando Luis le subió a la absoluta, en su segundo partido, jugábamos en Belgrado contra Serbia. Íbamos en el autobús, yo iba al fondo y se vino hacia mí.
–Te tengo que pedir un favor…
–Dime.
–Hoy cumplo 19 años y tú tienes el 19 en la camiseta, ¿me la podías cambiar?
No, no, no te la dejo…
–Vale, vale, no pasa nada…

Sergio se dio media vuelta y se marchaba por el pasillo del autobús. Intentaba gastarle una broma y se lo había creído. Le llamé y le dije que sí, que se la dejaba. ¡Cómo no se la iba a cambiar!

Desde entonces comenzamos a hacer buenas migas. Más adelante, en un partido contra Lituania en Valencia, estábamos los dos en el banquillo y Luis me manda calentar. Cuando voy a salir al campo le dije que iba a marcar y que le iba a dedicar el gol. Marqué y se lo iba a dedicar al banquillo cuando me cazaron todos los compañeros para abrazarme y no llegué, pero le señalé con el dedo y él a mí.

Entonces Sergio era de poco hablar, bastante tímido. Cuando el míster nos daba una noche libre después del partido, él se quería venir siempre con nosotros, pero yo le decía que lo mejor era que no saliera, que estaba recién llegado, que ya tendría tiempo de salir y la verdad es que se lo tomaba muy bien y se quedaba.

Con el tiempo conocí a su hermano René, que es de mi edad, y nos caímos muy bien, comenzamos a vernos y salir juntos en alguna ocasión. Cuando nos volvimos a enfrentar ya no me dio tan fuerte como el primer día.

Fernando **Hierro**

(Ex-futbolista y compañero)

«**ES MÁS PROTESTANTE QUE CATÓLICO**»

Yo me había retirado justo el año anterior de llegar él al Madrid. Si no, me habría retirado Sergio y me hubiera dado lo mismo. Ya era algo extraordinario entonces. Lo joven que era y cómo se adaptó al Real Madrid. Por mucho que viniera de jugar un año con el Sevilla en Primera, una adaptación tan rápida como la suya para un club al que conozco muy bien no está al alcance de cualquiera. No le asustó el reto, está claro.

Hay que tener mucha confianza en sí mismo, una gran fortaleza mental y física y sobre todo una madurez fantástica para hacer lo que él hizo. Cuando llegó, nos conocimos pronto por amigos comunes. Siempre quería saber cosas y quería conocer a gente que le pudiera ayudar. Me preguntaba por el club, por la ciudad, por algunos compañeros. Abría bien los ojos cuando escuchaba. Era una esponja. Para mí fue un orgullo que pidiera mi número, pero siempre he dicho que los números no son de los jugadores, son del club. Creo que ese fue un gesto más de su confianza en sí mismo.

Después en la selección hemos coincidido mucho en mi etapa de director deportivo y alguna escabechina me ha hecho. Como yo le digo, es más «protestante» que católico. Se pasaba todo el día protestando y exigiendo. Siempre tenía algo que reivindicar. Pide explicaciones por todo. Es parte de su aprendizaje. Se acercaba a ti, te decía dos cosas, te contaba dos chistes y luego te lo soltaba. Lo de pedir forma parte de su personalidad, pero la verdad es que tiene gracia al pedir. Va de frente y dice lo que piensa y eso tiene su parte buena y su parte mala. Hemos tenido diferencia de criterios en bastantes ocasiones pero al final siempre ha terminado entendiendo y aceptando las cosas. Desde luego había que estar preparado para discutir las cosas. Si no, terminaba saliéndose con la suya.

Futbolísticamente, cuando le veo jugar siempre pienso que no tiene límites. Tiene una condición física de base, natural, y unas condiciones técnicas espectaculares. Desde el principio ha soportado una presión increíble. En las posiciones de defensa el tiempo siempre corre a favor del jugador. Lo digo por experiencia. El límite de lo que puede aguantar lo pondrá él mismo, pero su madurez juega mucho a su favor.

Arrigo **Sacchi**
(Entrenadorl)

«LA NATURALEZA LE DIO UNA GRAN ATENCIÓN»

Entonces yo era el director deportivo del Real Madrid y todo comenzó en un Real Madrid-Sevilla en el Bernabéu. Sergio Ramos jugó de lateral y realizó un partido extraordinario. Me encantó y lo hablé con Ramón Martínez. Fuimos a verlo al domingo siguiente a Sevilla y me volvió a gustar.

Yo siempre he tenido la costumbre de no fichar a un jugador por dos partidos. Seguimos viéndolo todo lo que restaba de temporada, que era la segunda vuelta casi entera. Fuimos a Getafe y a cuatro o cinco partidos más. Incluso fui a verle en los entrenamientos. Se lo comentamos a José Ángel Sánchez, el director general, y a Emilio Butragueño, que trabajaba conmigo, y se lo planteamos a Florentino Pérez para ficharlo.

Surgieron todos aquellos problemas de la cláusula de rescisión, que el Sevilla sólo vendía por ese precio, pero al final se hizo. El presidente me tranquilizó y me dijo que lo íbamos a fichar a cualquier precio.

Era un chico de una fuerza y una calidad impresionantes. Poderoso, con una velocidad extraordinaria, una elevación en el salto, un buen juego de cabeza. Sabía jugar el balón, tenía técnica y sobre todo transmitía alegría, entusiasmo. Con todas esas condiciones tenía que triunfar en el Madrid seguro, sólo se podía perder si no tenía cabeza, pero afortunadamente también la tenía.

Me recordaba a Maldini, puede jugar como él en todos los sitios y lleva su misma trayectoria. Ya es uno de los mejores pero puede hacer aún más. Cuando tenga más madurez será todavía mejor jugador. Nosotros lo fichamos para lateral pero jugó también de central y entonces para ese puesto sólo le faltaba atención, concentración, y ahora estoy viendo que ya la tiene. Y está comenzando a saber leer los espacios, a colocarse bien, a ganar la posición. Son cualidades que necesita para central y menos para lateral.

Entonces era muy tímido, hablaba poco. Yo le decía que tenía que mantener la cabeza en su sitio, que todo lo demás le vendría de camino. Notaba entonces que a veces se despistaba, pero claro ahora ha crecido y ha madurado. Me alegro de su éxito porque es un chico que lo tiene todo para ser uno de los grandes del mundo y todo depende de él. La naturaleza le dio una gran atención cuando nació, desde luego.

Pedja **Mijatovic**
(Ex-director deportivo)

«SABE CREAR AMBIENTES POSITIVOS»

Como futbolista es muy difícil que pueda aportar nada nuevo porque es un auténtico crack. Lo que puedo comentar es mi relación con él mientras fui director deportivo del Real Madrid y fue realmente positiva en todos los sentidos. Tengo que destacar por encima de todo su profesionalidad. Es el clásico futbolista que a cualquier club le gustaría tener porque por su personalidad sabe crear un ambiente muy positivo en el vestuario y eso es importantísimo en cualquier equipo.

Es muy sincero. Siempre dice lo que piensa. Bien es cierto que alguna vez no le hubiera venido mal callarse, pero la juventud tiene esas cosas y todos las hemos tenido. Es muy sano. Cumplidor. Si pactas con él algo, lo cumple. Puede estar más o menos de acuerdo, pero si da su palabra, no falla. Es un hombre de compromiso. Tiene buen corazón. Es muy espabilado, muy vivo. Está siempre despierto. He conocido a su familia y son encantadores. Duros negociando pero con buen fondo. El compromiso que digo que Sergio siempre presenta ante todo es producto de la educación que le han dado sus padres.

Es lógico que en ocasiones chocáramos porque él defendía sus intereses y yo los del Madrid, pero siempre supo entender las situaciones y hasta apetece negociar cosas con él porque sabes que siempre va a rendir en su trabajo. Eso sí, es mejor tenerle contento que enfadado porque cuando está preocupado por algo no es él mismo.

La anécdota más pública que tuvimos fue cuando un domingo que no jugaba se marchó antes del Bernabéu porque quería estar en Las Ventas al lado de su amigo Talavante. Él se arrepintió rápido y se dio cuenta de lo que hizo. Hablamos y lo entendió. No le eché la bronca, simplemente le dije que en la vida hay siempre tiempo para todo. Al final me parece que no pagó la multa. Se la perdonamos por ganar la Liga y su gran rendimiento.

Dario **Silva**
(Ex-futbolista y compañero)

«SERGIO CONDUCÍA Y PREGUNTABA, YO TOMABA MATE Y RESPONDÍA»

Sólo fueron dos años juntos, pero muy intensos. Yo tenía 31 años y él no había cumplido los 18. Subió al primer equipo la temporada que yo llegué al Sevilla y me fui para Inglaterra cuando él se fue para el Real Madrid. A pesar de la diferencia de edad desde el primer día mantuvimos una buena relación. Yo vivía cerca de él y le llevaba y le traía en coche de los entrenamientos para que no tuvieran que estar sus padres todo el día para arriba y para abajo. Él no tenía la patente al principio, el carnet, pero tenía el lujo de aprender en mi coche sin que se enterase nadie.

Lo que más me molestaba es que encima que le llevaba siempre le tenía que estar esperando. Por la mañana porque se dormía y después de los entrenamientos porque se quedaba arreglándose el pelito y mirándose al espejo. Yo, como no tenía pelo, tenía poco que arreglarme. Ya entonces se le veía venir. Lo hablábamos con Caparros, con Navarro, con Alfaro Lo tenía todo. Aunque me fuera de España siempre he estado en contacto con él, con su familia, y puedo decir que su triunfo es el triunfo de la humildad. El futbolista lo hace la persona y Sergio es una gran persona.

Él entonces no hacía sino preguntarme por todo. Sobre todo por la selección. Cuando venía de un partido con Uruguay me mataba a preguntas. ¿Cómo se convive? ¿Es muy diferente a un equipo? ¿Qué sentís con el himno? Yo tomaba mate y le contaba y él aprendía a conducir con mis cochazos. Ahora que los cochazos los tiene él, no me los deja manejar nunca.

Él quería jugar rápido. No se daba cuenta que acababa de llegar. Yo le aconsejaba que no tuviera prisa, que todo llegaría por su peso y creo que acertó porque la paciencia de entonces es la que le ha llevado a estar donde está ahora. Yo le decía que tenía que aprender a manejar la pierna izquierda y le contaba que mi padre me obligó también a aprender porque erré un gol solo delante del arco por no darle con la izquierda. Me castigo un día y me tuvo tres o cuatro horas contra una pared. Él lo captaba todo y yo veía como ensayaba con la izquierda. Sólo me falta que enchufe un día la televisión y le vea meter un tiro libre de zurda. Entonces apago la tele y no le veo más.

En los entrenamientos nos enfrentábamos mucho. En los clásicos partidos titulares contra suplentes. Yo era duro y como tal me comportaba y él tenía que cumplir con su obligación. Yo le decía que un defensa tiene que demostrar siempre que está ahí, que el delantero lo note y si tiene que dar la primera para que el delantero diga por ahí no voy, me voy por otro lado, se hace. Y que

no se me malinterprete, lo principal es no lastimar al contrario, entrar con lealtad pero con fuerza, que es como siempre ha hecho Sergio. Ya entonces. Donde sí me daba, yo le daba.

Hice muy buena relación con sus padres, con José María y Paqui. Yo en aquellos tiempos, los días que se podía, salía por las noches, después de cenar nos íbamos a la discoteca y Sergio quería venir, pero yo le decía que no, que esperara, que ya tendría tiempo. Hay una frase que yo le decía y su mamá siempre me recuerda. «Haz lo que te digo y no lo que yo hago».

Lo primero entonces era ser futbolista. La noche muchas veces te pierde y él tan joven no se lo merecía. Era perjudicial en su momento salir, tenía que estar tranquilo. Ahora ya es mayorcito, que haga lo que quiera, ahora es él quien puede decirme a mí lo que debo hacer.

Ronaldo

(Ex-futbolista y compañero)

«ERA UN BRASILEÑO MÁS»

Cuando llegó era muy joven pero parecía que estaba aprendido. No es normal comportarse como él lo hacía en un equipo al que le pusieron el desafortunado nombre de los galácticos y con él nos quedamos. Y digo que su comportamiento era extraño porque tenía 19 años, era un chico que cambiaba de equipo y de ciudad y por el que se pagaron muchos millones de euros, y sin embargo su comportamiento era el de un veterano.

No sintió la presión en ningún momento. Se entrenaba como uno más y jugaba como uno más. No era fácil entrar en un equipo como aquel, con jugadores ya consagrados, pero él tenía una ventaja: quería aprender y aprender. Se pasaba el día preguntando cosas. Él quería ser figura, quería ser un grande del fútbol y ya lo es. Lo ha conseguido y seguirá creciendo porque tiene 26 años y una experiencia encima que sólo le puede ayudar a mejorar.

Era bastante despierto y curioso para su edad. Desde un principio se acercó al equipo de los brasileños, como decíamos nosotros, y llegó a ser uno más con Roberto Carlos, conmigo, con Robinho, que llegó su mismo año. Su carácter era y es abierto, como el nuestro. Y luego, como yo en aquellos años estaba soltero y él también, pues también estábamos mucho juntos fuera del fútbol. Salíamos a cenar. Lo pasábamos bien, muy bien, dentro y fuera del Bernabéu.

Después de los entrenamientos nos quedábamos los dos a hacer nuestros juegos. Me retaba. Me decía que no le regatearía. Yo le decía que sí, que le dejaría sentado Y nos lo pasábamos bien haciendo unos contra uno, con dribling y remates. A Sergio le gustaba mucho regatear y centrar. Yo creo que era más feliz entonces de lateral que ahora de central. Es una sensación porque le gusta tanto atacar que ahora a lo mejor se siente un tanto frustrado.

La verdad que alguna patada sí se le escapaba. Era duro, para qué ocultarlo, pero se veía que no era con mala intención. Había que saltar y ya estaba. Era y es muy rápido, muy rápido, y para regatearle le tenía que engañar con fintas o con el cuerpo.

Cuando me fui al Milán es cierto que un par de veces tuvo posibilidades de marcharse. A mí me preguntaban y yo decía la verdad, que era muy bueno. Lo hablamos incluso, pero creo que él tomó la mejor decisión. Ya llevaba muchos años en el Real Madrid y aquí iba a terminar siendo un líder, como Fernando Hierro. Creo que ya lo es.

Le vendí mi casa cuando me fui. Era muy grande para tenerla vacía y para él estaba bien porque es un chico que siempre está con la familia y los amigos. Le hice un buen precio, un muy buen precio.

Julio **Senn**

(Asesor financiero y amigo)

«SU PADRE LE HA ENSEÑADO A TOMAR DECISIONES»

José Mari Romero Poyón, ahora jugador del Jerez y entonces jugador del Milan, de donde llegó traspasado por el Atlético de Madrid, era nuestro cliente. Hablamos del 2003. Yo había trabajado en el Real Madrid hasta 2002 y a partir de entonces me dedico al asesoramiento jurídico y fiscal. El padre de José Mari y Paqui, la madre de Sergio, son hermanos por lo que ellos son primos. Así me llega el contacto con José María, el padre de Sergio.

Viajo a Sevilla y mantenemos una primera reunión. Informo al padre cómo trabajamos y le doy mi opinión sobre qué asesoramiento laboral y fiscal debería tener Sergio a su edad, 16-17 años. Tenía entonces ficha con el Sevilla Atlético de Segunda B, pero ya había sido convocado alguna vez por el primer equipo.

José María me escucha y cuando acabo me dice textualmente: «Quiero que me monte una estructura jurídica y fiscal igual que la que le ha montado a Ronaldo, es a lo mínimo a lo que va a llegar Sergio profesionalmente. Si le pongo a mi hijo un listón de un metro, él salta dos. Si le pongo uno de dos, salta tres; si le pongo uno de tres, salta cuatro. Así desde que comenzó a jugar. Tenemos plena confianza en él y queremos estar preparados para lo mejor».

Ese mismo día aparecen al final de la reunión René y Sergio, un chaval delgadísimo, con el pelo muy largo y bastante más bajo de lo que es ahora, con menos cuerpo también. Su padre les cuenta las cosas y nos despedimos.

No vuelvo a ver a Sergio hasta la temporada siguiente. Ya está en el primer equipo del Sevilla y juega en el Bernabéu, poco antes de Navidad. Voy a verle más que nada para ver si es tan bueno como dice su padre. No es que yo sea un especialista en la materia, pero, después de mi paso por el Real Madrid y de ser un buen aficionado, ya tenía una ligera idea para discernir si iba por el camino deseado. Me acuerdo que marcó a Figo y lo secó. En el descanso saludé a Florentino Pérez, que me pregunto qué hacía por el palco y le dije que había venido a ver a un cliente, Sergio Ramos, el lateral derecho del Sevilla. El presidente me miró y me dijo muy serio: «Ese jugador va a tener un futuro excepcional». Y así comenzamos a trabajar juntos y ya llevamos casi diez años, ahora en Senn Ferrero Asociados.

Le asesoramos en todos los asuntos profesionales relacionados con el área jurídica, fiscal y de control de sus inversiones y, desde un primer momento, la familia tuvo una gran confianza en nosotros. Sergio es de los que se deja asesorar, sabe escuchar, pero finalmente todas las decisiones las toma él. Su padre le ha enseñado a tomar decisiones y lo hace con seguridad. Es inteligente, noble, confiado con los suyos, con la cabeza muy bien amueblada. Su padre y su hermano han sido siempre muy exigentes y él ha respondido. Tiene una gran seguridad en sí mismo. Un tanto despreocupado en algunos aspectos, como para ir al notario sin carné de identidad y esas cosas. Rara vez llega pronto a una cita, pero siempre llega y nunca te deja en la estacada.

Luis **Aragonés**
(Ex-seleccionador)

«SU EDAD ERA UN VALOR, NO UN INCONVENIENTE»

Siempre digo que en casos como el de Sergio Ramos o parecidos, son los propios interesados los que se ponen y se quitan o los que se llaman o no se llaman, en el caso de la Selección. Estábamos en plena fase de clasificación para el Mundial de Alemania 2006 y Sergio ya era titular en el Sevilla. Lo conocíamos bien también de las divisiones inferiores porque Armando Ufarte, mi segundo, le había tenido en la sub-19 que ganó el Campeonato de Europa.

En su caso, su edad no era inconveniente, era un valor añadido. Tenía 18 años en el carné de identidad, pero no en el carné de futbolista. Era ya un portento físico y tenía calidad. Nosotros teníamos a Míchel Salgado de lateral, pero pensamos un poco también en el futuro. A un jugador como Sergio no se le puede decir que no porque tenga 18 años o tengas un hombre seguro y fijo.

Le llamamos y cumplió perfectamente. Al tener a Salgado podíamos dosificarle. Al principio no era titular indiscutible, pero después se hizo con el puesto. Se puso él solo. Ya en el partido contra Serbia en Belgrado, que jugó de titular, dio muestras de su madurez. Era un campo complicado con un ambiente fuerte y nunca se arrugó.

Con Sergio he mantenido muchas charlas. A los jóvenes como él hay que dejarles que saquen todo lo que llevan dentro, pero también hay que ayudarles y conducirles por el buen camino. Como persona es un gran chico. Te dice las cosas como las piensa. No se corta. Hemos tenido nuestro pequeños desencuentros, pero no más.

En la Eurocopa 2008, en la que ya era un fijo, pensé que era el momento de explicarle cómo es el fútbol y que siempre es mucho más importante el bien común que el individual. No es que él no lo supiera, pero siempre es bueno recordárselo en momentos puntuales. Yo no le considero un rebelde como tal, sino como alguien que expresa su opinión con educación y sinceridad.

Como futbolista es lo que es y será mejor. Entonces lo utilizábamos de lateral y en muchos momentos de los partidos la banda entera era para él. Le gustaba atacar y a veces había que tirarle un lazo o darle un grito, pero su capacidad física le permitía ir y venir un buen puñado de veces.

Ahora de central está cada día más centrado. Puede que sea su posición ya para siempre porque está cogiendo experiencia, pero como lateral para nosotros era una garantía.

José **Mercé**
(Cantaor y amigo personal)

«HAMBRE E ILUSIÓN»

La forma en que conocí a Sergio Ramos se puede considerar como mínimo graciosa. Estaba yo comiendo con mi familia en el VIPS que está enfrente del Sánchez Pizjuán y Sergio estaba comiendo con su hermano René y Javi Navarro. Yo le conocía perfectamente porque ya era jugador de la primera plantilla del Sevilla.

Cuando veo que se dirige hacia mí lo que menos me podía imaginar es que fuera a pedirme un autógrafo. Muy «cortao» él, muy tímido.

–Qué sepas que tú vas a jugar en el Madrid

–No, no crea, Del Nido pide mucho dinero por mí, no me va a vender así como así.

–No te preocupes en dos meses estarás en el Madrid, ya lo verás, te lo digo yo.

Al poco tiempo un día que nos encontramos hablé con Florentino Pérez y Antonio García Ferreras, que entonces estaba en el club y ellos ya estaban en la pelea por ficharle. Era aquel Madrid de los galácticos y yo le dije al presidente que lo que el equipo necesitaba era hambre e ilusión y Sergio reunía esas dos cualidades y había que ficharle ya. Y le ficharon.

Cuando llegó al club, Sergio tuvo el detalle de regalarme una camiseta firmada y desde entonces nos tratamos como si fuera de la familia. Viene a casa con sus padres y nos hacemos una flamenquito. Le regalé un día un cajón y lo toca como los ángeles. También toca la guitarra y le gusta cantar, bailar, menos. Algún verano que ha estado por mi casa de Chipiona se pone a jugar al fútbol con mi nieto Curro. ¡Hay que ver cómo le gustan los niños!

Para mí es un orgullo que Sergio esté todos los días con mi música en los auriculares y que ponga mis temas en el vestuario antes de saltar al campo. «Aire» y «Lío» son los que más le gustan y creo que a los compañeros también les va la marcha.

Como futbolista todo lo que pueda decir de Sergio ya se habrá dicho. Pero puedo decir una cosa: que si juega bien, muy bien, torea aun mejor. Y eso lo he visto yo, pero no se puede decir ni contar, claro Y no era una cabra. Ahí queda eso.

José Manuel **Casado**

(Futbolista y amigo personal)

«DE PEQUEÑO YO ERA MÁS FUERTE QUE ÉL»

Llegamos al Sevilla prácticamente a la vez. Tendríamos 8-9 años. Yo de Coria, por eso me llaman el «Cori», y el de Camas. Desde el principio congeniamos porque teníamos los mismos gustos. A los dos nos gustaba además del fútbol, el flamenco, y teníamos un compañero cuyo hermano cantaba muy bien y muchas tardes nos las pasábamos escuchando arte.

Además nuestros padres, que iban a todos los partidos y todos los entrenamientos, también se llevaban bien y después nos íbamos a comer todos juntos. Estaríamos en la cantera cuatro años, hasta los 12-13. Después yo me fui para La Masía, a Barcelona, pero siempre que volvía a casa quedábamos y nos veíamos. Más tarde, cuando regresé para jugar ya en el Sevilla Atlético, él ya estaba en el Madrid.

Yo entonces estaba casi más hecho físicamente que Sergio, era más fuertecito, más corpulento, pero luego dio un tirón y ahora me saca la cabeza y medio cuerpo. Aunque no tuviera la fuerza de ahora, ya entraba con todo. No se arrugaba. Lo que sí era ya entonces era el líder del vestuario, tenía alma de líder. Nos arengaba y nos decía que teníamos que salir fuerte todos los partidos.

Un día nos cogió a los dos Pablo Blanco, el director de la cantera del Sevilla, y nos puso las pilas para que apretáramos los machos. Lo hicimos los dos. De cabeza era muy fuerte. Él debutó en Primera antes que yo, fue mucho más rápido.

Yo he tenido que dar más vueltas, pero por lo menos he llegado, porque de nuestro equipo, de nuestra pandilla, algunos que eran muy buenos se quedaron a mitad de camino.

Estando yo en el Jerez y él ya en el Madrid nos enfrentamos un día y tuvimos alguna discusión por alguna entradita. Poca cosa porque éramos amigos, aunque en el campo cada uno va a lo suyo. Él subía por la banda derecha y yo le esperaba en mi banda izquierda.

Como anécdota, puedo contar que cuando comíamos las familias juntas y nuestros padres dejaban una propinilla en el restaurante, él se quedaba el último y cogía alguna monedilla para luego gastársela con nosotros. Cosas de niños.

Ismael **Medina**

(Periodista)

«ODIA LA MENTIRA Y LA HIPOCRESÍA»

Las dos primeras personas que me hablaron de Sergio fueron Pablo Blanco, coordinador de la cantera del Sevilla, y Capi, el futbolista del Betis. Me sorprendió la seguridad que tenían dos hombres de fútbol hablando de un proyecto de futbolista. Sergio empezó a devorar categorías. Lo que más me impactó de él fue su personalidad para jugar en el Sánchez Pizjuán siendo un niño y su naturalidad para sentarse en un vestuario con Notario, Darío Silva, Javi Navarro y Pablo Alfaro. Joaquín Caparros estaba enamorado de sus condiciones y siempre destacó su talento natural, personalidad, liderazgo y carácter para jugar en la elite. Era un niño que se convertía en adulto cuando pisaba el verde de un campo de fútbol.

Asumió con su naturalidad habitual los dos meses que se convirtió en portada de todos los medios locales y nacionales por el enorme interés del Real Madrid. Pudo marcharse del Sevilla sin dejar un euro desde que era un niño, pero nunca escuchó las ofertas de grandes clubes españoles y extranjeros porque su sueño era debutar en Primera con el Sevilla. Por eso, se mostró dolido por las formas del club sevillista en esta operación, por no contar toda la verdad de la historia y por dejarlo ante la afición como el malo de la película atacando a su familia. Esta historia le afectó y vivió en primera persona las mentiras del fútbol.

La única vez que le noté nervioso fue antes de la final del Mundial de Sudáfrica. Había ganado Ligas con el Madrid y la Eurocopa con la Selección pero ganar un Mundial es lo más grande para un futbolista. Tenía la oportunidad de entrar en la historia del fútbol español con la mejor generación de futbolistas. Nunca lo he visto tan feliz como futbolista como aquella noche en Sudáfrica. Siempre celebra los títulos con una camiseta de su amigo Antonio Puerta en el corazón. Ponerse la camiseta nacional es muy especial y mágico para Sergio Ramos.

Sergio tiene un talento natural para ofrecer su mejor rendimiento en los momentos de mayor dificultad y tensión. Le gusta competir. Tiene una capacidad brutal para abstraerse de todo lo que rodea a la alta competición. Sergio juega con la misma tranquilidad y pasión un partido de Champions que con sus amigos en su Camas natal. Ése es uno de sus grandes secretos, que juega al fútbol con la misma alegría, pasión y determinación desde que era un niño y nunca le ha dado miedo la presión. Le apasionan los retos y ganar es su obsesión.

Como persona Sergio Ramos es alguien difícil de conocer de verdad. Le gusta la sinceridad, la claridad y las personas que van de verdad. Suele ser directo y es muy temperamental. Defiende su verdad ante quien sea oportuno. Odia las mentiras, la gente falsa y la hipocresía. Con el paso de los años y a pesar de los triunfos logrados, Sergio sigue comportándose de la misma forma cuando visita Sevilla. Nunca olvida sus orígenes.

Andrés **Iniesta**
(Futbolista)

«MUCHÍSIMA SEGURIDAD EN SÍ MISMO»

Yo soy dos años mayor que Sergio y la primera vez que coincidimos fue ya en la selección sub-21. Debuté con 19 años en septiembre de 2003 y él llega a la temporada siguiente cuando ya estaba en el primer equipo del Sevilla. Tenía 18 años, ya estaba con los sub-21 y además estaba sobrado para estar con nosotros. Como sería que poco después ya le llamó Luis Aragonés para la absoluta, no estuvo mucho con los sub-21 y debutó, incluso, un año antes que yo.

Su potencial físico entonces ya era extraordinario. Estaba ya formado. Nunca se saben las razones por las que congenias mejor con un compañero que con otro, pero es una realidad que nosotros congeniamos rápidamente, desde el primer día que vino a la concentración. Era lateral derecho y ya subía la banda cada vez que podía.

El aprecio que nos tenemos se siente, yo al menos lo siento y creo que en este caso es recíproco y se ha acrecentado con el tiempo. Han pasado ya más de ocho años desde entonces. No hace falta que hablemos todos los días, pero cuando nos vemos en la selección rápido nos preguntamos por nuestras familias, por cómo nos van las cosas y me alegra que haya querido que esté presente en su libro porque eso confirma que me estima.

Para mí es uno de los mejores centrales del mundo. Tiene muchísima personalidad, mucho carácter. Es un portento físico y con el balón en los pies es muy bueno. Me sorprende que posea tanta seguridad en sí mismo. Muchísima. Futbolísticamente, tiene todas las cualidades para ser el mejor. Y ahí está.

No soy de recordar mucho las anécdotas, mejor dicho soy realmente malo para recordarlas, lo que sí puedo confesar es que con la música, Sergio ha mejorado mucho y hasta hay ya algunas canciones que me gustan y todo...

Iker **Casillas**
(Futbolista)

«ES UN BUEN CAPITÁN, SE PASA EL DÍA PIDIENDO»

Una imagen que nunca olvidaré es la de Sergio llegando a Las Rozas, a una concentración de la Selección, con un traje blanco y su melenita al viento. Era cuando se hablaba de su fichaje por el Real Madrid y pensé que era una buena señal, porque hay que tener carácter, valentía y otras cosas para ponerse ese traje Madre mía ¡qué pinta llevaba!

Así es Sergio. Cuando ya fichó por nosotros, de chaval tenía sólo los años. Venía bien curtido por la escuela sevillana de centrales capitaneada por Pablo Alfaro y Javi Navarro. Y además presumía de ello, de haber aprendido mucho de sus comportamientos dentro del campo y fuera del campo. Sólo había que verlo.

Llegó en un mal momento porque fueron dos años sin ganar nada y eso en el Real Madrid no es normal por lo que las cosas estaban un poco revueltas con cambios de entrenadores, ida y venida de jugadores, incluso de presidente.

Él poco a poco se fue convirtiendo en un jugador importante para nosotros. Le veías jugar y comportarse fuera del campo y decías: «este chaval tiene personalidad y temperamento». No se calla nunca. Ni debajo del agua. Si no le gusta una cosa lo dice, va de frente, todo lo dice a la cara y eso es de agradecer.

Ahora que es capitán es un buen elemento porque pide, pide, pide y vuelve a pedir. Pide para todos, pero para él un poco más. Un día estábamos en la selección con el director general de Iberdrola y él se las arregló para conseguir un reloj para cada uno del equipo si ganábamos, pero él sacó dos para él, porque le gustaba el que llevaba puesto Galán y se las ingenió para que le regalara uno igual. Se sabe camelar bien a la gente en ese sentido.

Cuando llegó al Madrid estábamos mucho juntos. Yo le sacó cinco años, pero entonces me consideraba un chaval y los días libres le enseñé Madrid. Recuerdo un día que fuimos a La Latina, alucinaba con la cantidad de gente que había por la calle. Formábamos un buen tándem, ¡qué tiempos aquellos! Nos metíamos mucho con Míchel Salgado, que era muy gruñón y siempre estaba con el gimnasio, la ropa Nosotros íbamos en camiseta, como se va a esa edad.

Me gusta tenerlo ahora de central tanto en el Madrid como en la selección. Creo que es su puesto porque Sergio es un tío que asume las responsabilidades y esa posición es más importante dentro de la organización de un equipo que la de lateral. Él también se ve más a gusto, más cómodo. Físicamente está sobrado y técnicamente también. Desde allí domina el campo y cuando se despista estoy yo detrás de él, que tengo aún mejor vista, y le pego tres voces para que se coloque.

Las voces se las pego a él y a todos. La verdad es que es curioso, yo con mis voces y él con sus silbidos

Pepe **Reina**
(Futbolista)

«ES UN TIPO MUY PURO»

Nos conocimos ya en la selección absoluta. Era en la fase de clasificación para el Mundial de Alemania 2006. En una concentración en La Calderona antes de jugar contra Lituania y Bosnia, ya comenzamos a mantener nuestras charlas. Él estaba con el grupo de los andaluces, Joaquín, Juanito, Marchena y a mí eso me tiraba, pero yo estaba con los de las cartas, los «pocheros», Villa, Pablo, Iker, Antonio López

La amistad fue surgiendo poco a poco. La verdad es que nos ha costado tiempo acercarnos. No somos muy parecidos. Nuestras familias comenzaron a viajar juntas, congeniaron. Son gente estupenda, maravillosa, muy parecida a los míos y eso también nos ayudó a nosotros, hasta el punto de que ahora estamos más cerca que nunca. En verano fui a la boda de su hermana y con el tiempo me he dado cuenta de que Sergio es uno de esos tipos que merece la pena. Muy puro, como dice él. Muy amigo de sus amigos. Siempre pendiente de su gente. Muy andaluz. Muy alegre, que cuida mucho lo que quiere.

Hemos hecho nuestras fiestas flamenquitas juntos, con amigos comunes. La primera fue en el verano de 2009 en Córdoba y hemos repetido en Madrid, en un tentadero Sólo falta que monte él una en Sevilla. Esas fiestas de «peroles de arroz con todo», que comienzan a las tres de la tarde y acaban a las siete de la mañana y en las que somos un poco machistas porque los hombres estamos por un lado con la guitarra y el cante y las mujeres andan por otro con sus cosas.

Sergio es muy bromista y como tal acepta también que le hagan bromas. La última que me hizo fue decir que no venía a mi cumpleaños, que no venía, que no venía y allí se plantó por sorpresa. En cuanto te descuidas te la puede hacer. Le gusta poner motes. La última que ha hecho es cambiar los nombres de las taquillas del vestuario y no veas la que se ha montado La más grande pudo ser una noche que salimos después de un partido de clasificación de la Eurocopa 2008 y cuando regresábamos al hotel nos encontramos una bicicleta en no muy buen estado, tirada por la calle, y no se sabe cómo acabo en el río

Me llama la atención que habla de él mismo en tercera persona.

José Mari **Manzanares**

(Torero y amigo personal)

«OLÉ POR SERGIO. LO TIENES QUE QUERER SÍ O SÍ»

Para mí es una satisfacción y un orgullo poder participar de manera activa en este libro de mi buen amigo Sergio. Recuerdo el día en el que nos conocimos. Fue en la feria de Olivenza en Marzo del 2006. Yo sabía que él era amante de los toros y la verdad es que me apetecía mucho conocerle. Desde entonces hemos labrado una buena amistad. Las conversaciones que podemos mantener un torero y un futbolista, sobre todo ahora, que nos conocemos y tenemos puntos comunes para dialogar, es la misma que pueden mantener dos amigos que no tengan nuestras profesiones. Hablamos de todo y cuando digo todo, es de todo. De nuestras aficiones, de nuestros gustos, de nuestra vida cotidiana…

Cuando estoy con él no me gusta sacar mucho el tema del fútbol. Si surge espontáneamente bien y si no, también. Solemos hablar más de música, de flamenco, de cómo nos va todo. Por nuestras profesiones, por desgracia, no podemos disfrutar de vernos muy a menudo así que cuando nos encontramos tenemos nuestras buenas parrafadas.

Por supuesto que hablamos de toros porque a él le apasionan, como todo el mundo sabe porque es algo que no oculta, todo lo contrario. Muchas veces me han preguntado gente cercana a nosotros, si Sergio sería un buen torero y siempre les digo que es difícil contestar esa pregunta y no lo digo por escurrir el bulto. De lo que estoy seguro es que sabiendo de la sensibilidad y pasión que tiene, su espíritu de superación y sacrificio, su tremenda afición e interés… Tendría todas las cualidades para ser alguien grande en el mundo del toro.

Yo también soy futbolero, pero no un enfermo. Me gusta disfrutar de los partidos que veo e intento fijarme en todos los detalles y matices que a veces se me escapan. Es también un mundo muy complicado. Curiosamente yo soy del Barcelona, pero tengo que decir que antepongo la victoria o satisfacción de un querido amigo a la del Barça. De hecho, estoy más pendiente de cómo han estado ellos que de los resultados de mi equipo.

Del Sergio futbolista es complicado destacar algo en concreto. En sus posiciones ha sido o es el mejor de todos.

Me fascina su entrega y pasión, la tranquilidad y seguridad con la que afronta situaciones y partidos muy comprometidos; la solvencia y calidad que posee; la personalidad tan marcada. En fin, es un ejemplo a seguir y lo más importante de todo es que es tan buena gente y natural que lo tienes que querer sí o sí.

Es muy agradable estar a su lado y me siento orgulloso de haberle podido conocer. Olé por él.

Sergio y yo tenemos muchas pasiones y aficiones en común. Nos gusta mucho el campo, el flamenco, el estar rodeado de nuestra gente y disfrutar con ellos. La verdad es que Sergio tiene una mentalidad que me recuerda mucho a la mentalidad o forma de vida de un torero.

Zidane
(Ex-futbolista)

«LE REGATEABAS Y VOLVÍA, SIEMPRE ESTABA ENCIMA»

Antes de que llegara al Real Madrid ya tenía controlado a Sergio. No siempre te quedas con los rivales que tienes enfrente, pero en esta ocasión tengo que reconocer que sabía quién era. El año anterior, en las dos veces que nos enfrentamos al Sevilla me llamó la atención por lo joven que era, le delataba su cara y su cuerpo, y por su forma de desenvolverse sobre el terreno de juego.

Como yo entonces me solía mover por la izquierda choqué bastante con él, que jugaba de lateral, aunque creo que en el partido de la segunda vuelta en Sevilla jugó de central y además nos marcó un gol de falta directa. La sensación que tenía era que no desaparecía nunca de la escena. Le regateabas o le superabas en una jugada colectiva y siempre volvía, siempre estaba ahí otra vez. Era un gran defensor, no había forma de perderlo de vista.

Cuando llegó al Real Madrid era lo mismo, pero multiplicado por los entrenamientos. Físicamente era fuerte ya entonces y técnicamente quería aprender. Se quedaba después de los entrenamientos y sobre todo estaba mucho con Roberto Carlos y Fernando Hierro. No era casualidad, estaba con los que le podían enseñar más sobre su posición.

Sólo estuvimos una temporada juntos en el Real Madrid y ya el primer año su evolución fue tremenda. Mi último partido con el equipo fue en Sevilla y él lo pasó mal aquel día porque se metían con él. Perdimos, marqué un gol, mi último gol con la camiseta del Real Madrid. Después vino el Mundial de Alemania y mi retirada.

La de Sergio está muy lejos, afortunadamente para él. Sigo su evolución y hablamos cuando coincidimos. Ha mejorado en todos los aspectos y ya está descubierto. Todo lo que se pueda añadir de él ya está dicho. Su trayectoria a nivel de club y de Selección está siendo extraordinaria.

A su edad yo no había llegado ni al Real Madrid. Lo que quiere decir que le queda otra vida por delante.

Mesut **Özil**
(Futbolista)

«ES ESPECIAL PORQUE TIENE ATREVIMIENTO»

A Sergio le tengo controlado desde hace bastante tiempo. Desde antes de fichar yo por el Real Madrid. Lo que más me llamaba entonces la atención sobre él, es que a pesar de lo joven que era y sigue siendo, se comportaba y se comporta como un veterano y la explicación hay que encontrarla en los muchos años que lleva en el primer escalón del fútbol.

Sencillamente, me parece que tiene todos los elementos que necesita un futbolista para elevarse sobre la media: rapidez, fuerza, sentido del juego... La clave de su éxito es que no se limita a cumplir con su papel de defensa, algo que ya es en sí mismo importantísimo porque ser defensa en el Real Madrid, ya sea como central o lateral, exige un plus respecto a la inmensa mayoría de los equipos en el mundo.

Aquí hay que estar siempre concentrado, no se puede tener ni un despiste, pese a que se trata de un equipo que la mayoría del tiempo tiene el balón y ataca. Sergio es especial porque tiene algo especial: atrevimiento. Me gustan los jugadores atrevidos. Siempre busca algo más en su fútbol. Pese a ser ya uno de los mejores defensas del mundo, no para de experimentar. Veo en los entrenamientos cómo trabaja y siempre está buscando diferentes soluciones a problemas iguales, y eso es muy apreciable.

Por ejemplo, todos le hemos visto marcar goles de todas las clases. Gracias a su envergadura y a la forma física que nunca descuida, adquiere ventajas respecto a otros de su tamaño o mayores que él. Sergio es de los que no se rinde.

Un detalle más que me gustaría comentar sobre él es lo mucho que le gusta su profesión. Le apasiona el fútbol, y eso se le nota. La pasión por tu trabajo te lleva a desempeñarlo con un gusto que no se puede disimular.

Dicho todo esto, veamos realmente ante quien estamos: un chico que juega muy bien, que le encanta su trabajo, que investiga para mejorar y que odia la derrota. Podríamos decir que estamos ante el futbolista que busca la perfección... pero no lo conseguirá hasta que deje de poner alguna de sus músicas preferidas con la que me vuelve loco tantos días en el vestuario.

ESTADÍSTICAS DE SERGIO RAMOS

		LIGA			COPAS NACIONALES (1)			TROFEOS INTERNACIONALES (2)			TOTAL			MEDIA GOLEA-DORA
	Tempor.	Part.	Goles	Asist.	Part.	Goles	Asist.	Part.	Goles	Asist.	Part.	Goles	Asist.	(3)
SEVILLA F.C.	2003-04	7	0	0	0	0	0	0	0	0	7	0	0	0
	2004-05	31	2	0	5	0	0	6	1	0	42	3	0	0,07
	2005-06	1	0	0	0	0	0	0	0	0	1	0	0	0
	TOTAL	**39**	**2**	**0**	**5**	**0**	**0**	**6**	**1**	**0**	**50**	**3**	**0**	**0,06**
REAL MADRID	2005-06	34	4	0	6	1	0	7	1	0	47	6	0	0,13
	2006-07	33	5	3	2	0	0	6	1	0	41	6	3	0,15
	2007-08	33	5	4	5	1	0	7	0	1	45	6	5	0,13
	2008-09	32	4	3	2	1	0	8	1	0	42	6	3	0,14
	2009-10	33	4	5	0	0	0	7	0	0	40	4	5	0,1
	2010-11	31	3	2	7	1	2	8	0	0	46	4	4	0,09
	2011-12	34	3	5	6	0	1	11	1	1	51	4	7	0,08
	(4) 2012-13	13	1	0	2	0	0	4	0	0	19	1	0	0,06
	TOTAL	**243**	**29**	**22**	**30**	**4**	**3**	**58**	**4**	**2**	**331**	**37**	**27**	**0,11**
TOTAL CARRERA		**282**	**31**	**22**	**35**	**4**	**3**	**64**	**5**	**2**	**381**	**40**	**27**	**0,11**

(1) Incluye datos de la Copa del Rey / Supercopa de España (2003-13)
(2) Incluye datos de la UEFA Europa League (2003-05); UEFA Champions League (2005-13)
(3) No incluye goles en partidos amistosos
(4) Temporada 2012-13 hasta el 25-11-2012

SR 15
Luque
Raúl
CR
CR
MERCURIAL
ZOOMAIR

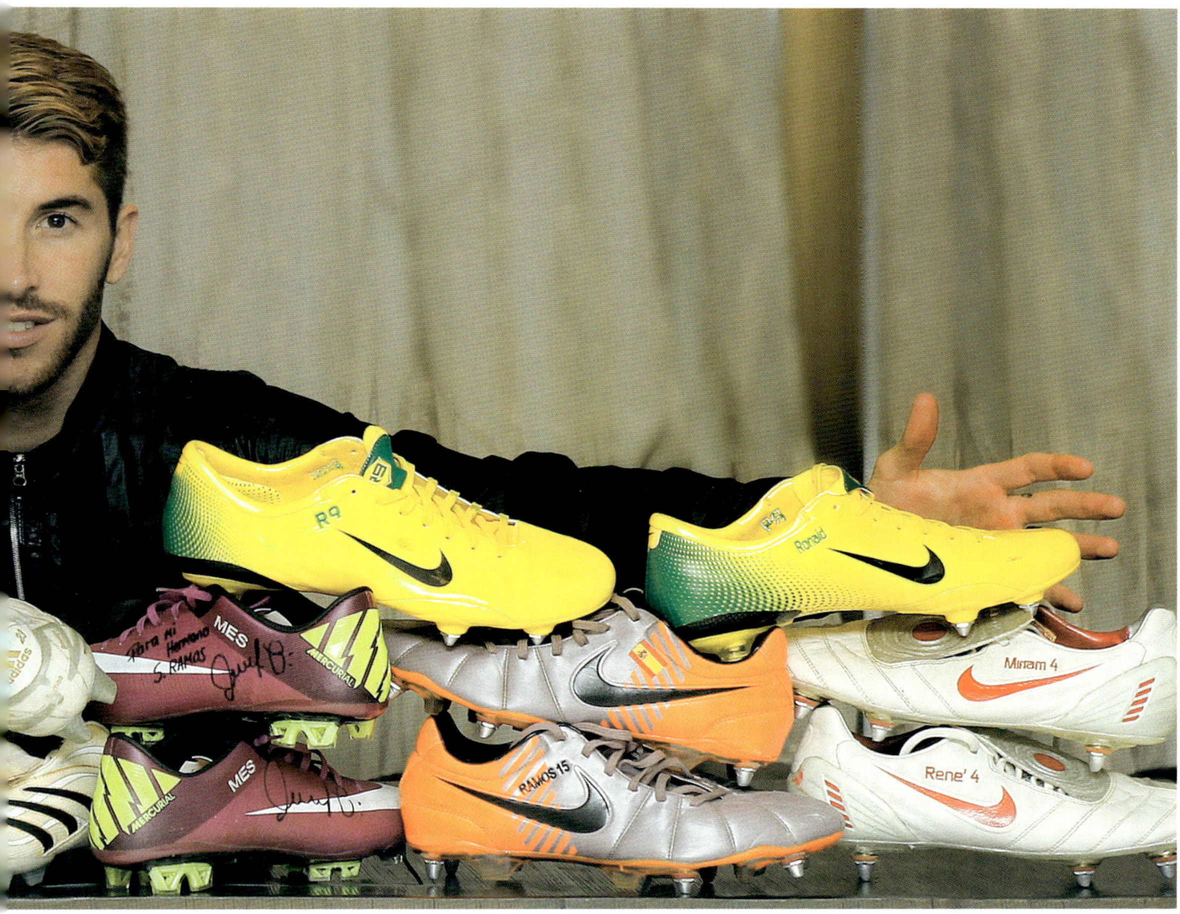
R9
MES
MERCURIAL
Para mi Hermano
S. RAMOS
RAMOS 15
Miriam 4
Rene' 4